L'APPRENTI FRANC-MAÇON
ET LE MONDE DES SYMBOLES

Julien Behaeghel

L'APPRENTI FRANC-MAÇON ET LE MONDE DES SYMBOLES

LA MAISON DE VIE

Collection
La Franc- Maçonnerie initiatique

À paraître du même auteur

Le Compagnon Franc-Maçon et l'Art du trait
Le Maître Franc-Maçon et la mort symbolique

Dans la même collection

- Pierre Dangle, *Le livre de l'Apprenti*
- Pierre Dangle, *Le livre du Compagnon*
- Pierre Dangle, *Le livre du Maître*
- Loge Féminine Heptagone, *Un chemin initiatique pour les femmes (T. 1)*
- Loge Féminine Heptagone, *Un chemin initiatique pour les femmes (T. 2) : les valeurs initiatiques*
- Loge Féminine Heptagone, *Un chemin initiatique pour les femmes (T. 3) : réflexions sur l'androgyne, le vent, la magie*
- Loge Féminine Heptagone, *Proverbes d'hier et d'aujourd'hui, à la recherche du bon sens perdu (T. 1)*
- Loge Féminine Heptagone, *La Dame à la Licorne, interprétation symbolique*
- Christopher Lodge, *Quel avenir pour la Franc-Maçonnerie ?*
- Gérard de Nerval, *Le mythe d'Hiram et l'initiation de Maître Maçon*

© La Maison de Vie, 2000.
ISBN : 2 909 816 45 1

Toute représentation ou reproduction intégrale ou partielle faite sans le consentement de l'auteur, ou de ses ayants droit ou ayants cause est illicite (loi du 11 mars 1957 alinéa 1er de l'article 40). Cette représentation ou reproduction par quelque procédé que ce soit constitue une contrefaçon sanctionnée par les articles 425 et suivants du Code pénal. La loi du 11 mars 1957 n'autorise aux termes des alinéas 2 et 3 de l'article 41 que les copies ou reproductions strictement réservées à l'usage privé du copiste et non destinées à une utilisation collective d'une part et d'autre part que les analyses et les courtes citations dans un but d'exemple et d'illustration.

Sommaire

- Introduction 7
1. La voie symbolique 11
2. Le passage de l'ombre à la lumière 25
3. Le mythe des commencements 37
4. L'initiation et l'alchimie 45
5. Les symboles fondamentaux et le pôle 59
6. Le ciel et les symboles célestes 75
7. Le nombre symbolique 83
8. L'espace sacré 93
9. Le tableau de loge 101
10. Les outils 121
11. Le voyage dans la croix 129
12. Le rituel 149
13. Rassembler ce qui est épars 163

- *Conclusion* 171

- *Annexes* 179

- *Bibliographie* 191

- *Table des illustrations* 195

Introduction

La Maçonnerie dite *spéculative* et que je préfère appeler initiatique et symbolique est un mélange hétéroclite de diverses traditions parmi lesquelles on peut citer l'Égypte, le monde judéo-chrétien, le pythagorisme, le mazdéisme, la Kabbale, le compagnonnage, la chevalerie, les Rose-Croix, l'alchimie, etc. Toutes ces traditions et bien d'autres ont influencé directement ou indirectement la Franc-Maçonnerie dans sa forme et dans sa symbolique ; elles l'ont inscrite, et c'est l'essentiel, dans la longue chaîne de l'ésotérisme initiatique. Et c'est de cette tradition que l'Apprenti doit s'imprégner s'il veut, au sein de la Maçonnerie, vivre et réussir sa mort volontaire et sa résurrection spirituelle au monde de la lumière.

Ce monde implique la déconstruction du monde de l'apparence et la reconstruction du royaume de la connaissance-conscience. Ce monde est une montée de la conscience par la vision cosmogonique de la *pensée créatrice*. Il importe de refaire le geste du Créateur afin d'entrer, comme le dit Corbin, dans le monde de l'imaginal. L'initiation est le commencement d'un voyage, à la recherche d'un centre qui est aussi le nôtre. Cette quête, qui s'inscrit dans la mythologie universelle[1], implique un

---

1. La mythologie universelle est l'histoire intemporelle du monde.

espace, une cosmogonie, des outils, un rituel et une symbolique propre. Quant à l'histoire de la Franc-Maçonnerie, elle s'étend sur un peu plus de trois siècles, puisque les textes fondateurs du rite maçonnique d'initiation apparurent vers 1637 et le premier catéchisme symbolique vers 1696². De nombreux livres relatent les péripéties, pas toujours édifiantes, de cette histoire ; nous renvoyons le lecteur à ces différents ouvrages³ s'il désire se former une opinion éclairée sur les différentes étapes de ce mouvement loin d'être homogène. La Franc-Maçonnerie est humaine et de ce fait contient toutes les contradictions et les faiblesses liées à la condition humaine ; elle représente un microcosme imaginé et organisé par des hommes qui n'ont pas toujours réussi à se détacher de leurs conditionnements profanes, même si leur idéal était hautement respectable, voire spirituel.

La Maçonnerie ne peut que trahir sa raison d'être si son action devient socio-politique et sa pensée dogma-

---

2. P. Négrier, *La pensée maçonnique du XIVe au XXe siècle*, pp. 10-11 et p. 283, note 18: « La Franc-Maçonnerie comprend trois périodes successives :
– une première période dite opérative : celle des loges d'ouvriers maçons du bâtiment, qui va de la construction des cathédrales à 1637 ;
– une deuxième période dite de transition : celle des loges opératives qui, pour subsister, se voient peu à peu amenées à accepter de recevoir en leur sein des non-maçons dits spéculatifs : 1637-1722, 1637 marquant l'apparition du Mason Word, la forme primitive du rite maçonnique d'initiation, qui est précisément contemporaine de l'acceptation des premiers non-maçons dans les loges en 1641 (sir Robert Moray) et 1646 (sir Elias Ashmole) ;
– la troisième et dernière période, qui est la nôtre et qu'on peut faire commencer en 1723, date des constitutions d'Anderson. »
3. Citons pour information : Patrick Négrier, *La pensée maçonnique du XIVe au XXe siècle* ; André Combes, *Histoire de la Franc-Maçonnerie au XIXe siècle* ; Jean Palou, *La Franc-Maçonnerie* ; R. Guénon, *Études sur la Franc-Maçonnerie et le Compagnonnage* (2 vols.) ; J. Chaboud, *Les Francs-Maçons...*

tique⁴. En fait sa seule raison d'être est de construire l'*athanor* (le temple) au sein duquel le Maçon pourra découvrir son propre centre et transmuter sa matière en connaissance-conscience. C'est en se changeant lui-même qu'il pourra éventuellement transmettre sa propre lumière à ses contemporains. La métamorphose initiatique devrait être la seule préoccupation du Maçon.

L'initiation *symbolique* est l'une des voies privilégiées pour la découverte de l'âme, c'est-à-dire de la partie invisible et spirituelle de l'être humain. Ce n'est pas pour rien si C. G. Jung, ce grand psychologue (penseur) du XXᵉ siècle, a intitulé son premier ouvrage : *L'homme à la découverte de son âme*. Et cette découverte, dans l'œuvre et la pensée de C. G. Jung, se fait par et grâce aux symboles. Ces symboles que nous portons en nous depuis toujours et dont nous devons prendre conscience au fil de notre pérégrination dans le labyrinthe du temps.

Espérons que grâce aux contributions symboliques de C. G. Jung, de M. Éliade, de R. Guénon, de H. Corbin et de bien d'autres, la Maçonnerie du IIIᵉ millénaire deviendra enfin symbolique et initiatique et non plus allégorique et socio-politique comme elle le fut trop souvent. Qu'elle devienne symbolique afin que le symbole puisse à nouveau jouer son rôle de transmutateur et d'éveilleur, transmutateur de la matière en esprit

---

4. P. Négrier, *op. cit.*, p. 152 : « Les maçons en tant que tels n'ont donc pas à mener une action socio-politique, ils n'ont pas pour vocation de construire ou de gérer la cité... »
J. Palou, *La Franc-Maçonnerie*, p. 88 : « On retrouve évidemment là l'aspect moral – et moralisateur – d'ailleurs erroné que la plupart des Maçons du début de ce siècle voulurent donner à la Franc-Maçonnerie, sans très bien se rendre compte que celle-ci étant un Ordre initiatique, elle n'a que faire du point de vue moral qui en revanche, étant du domaine exotérique, est propre à chaque religion. »

(comme l'exprimaient les alchimistes) et éveilleur à la conscience ; cette conscience qui permettra aux Maçons de transformer le temps en éternité.

C'est dans cet esprit que j'ai écrit ce nouveau livre de l'Apprenti-Maçon, dont le seul objet est le symbole maçonnique et sa portée initiatique, dans le cadre de la loge et par la magie du rituel. Ceci n'enlève rien au mérite des prédécesseurs, O. Wirth, R. Berteaux, J. Boucher et bien d'autres, chacun apporte sa pierre de lumière à la construction du nouveau royaume[5], ce royaume de la verticalisation de l'être, au zénith de l'*axis mundi*.

L'Apprenti-Maçon commence la construction du temple intérieur et cette construction se fera avec l'aide de ses Frères et à la lumière du symbole, entre l'équerre et le compas, sur la verticale de la perpendiculaire. Mais avant toute chose, il importe d'entrer dans le monde des symboles et c'est ce que ce modeste essai propose à l'attention de l'Apprenti.

---

5. O. Wirth, *L'apprenti*, Paris 1983 ; Jules Boucher, *La symbolique maçonnique*, Dervy, Croissy-Beaubourg, 1990 ; Jean-Pierre Bayard, *Symbolisme maçonnique traditionnel*, Edimaf, Paris 1987 ; Raoul Berteaux, *La symbolique du grade d'Apprenti*, Edimaf, Paris 1997...

Chapitre 1

LA VOIE SYMBOLIQUE

Mon expérience maçonnique m'a montré qu'il était très difficile pour beaucoup de Maçons de pouvoir appréhender le symbole et sa réelle signification dans le processus initiatique.

Le symbole ne peut ni être lu, ni être expliqué rationnellement. Il est comme le livre que présente l'ange à Jean de Patmos ; ce livre qu'il faut manger.

« Prends-le, dit l'ange à Jean, et mange-le. Tes entrailles en connaîtront l'amertume mais pour ta bouche il ne sera que miel. »[1] Comme ce livre, le symbole est à la fois doux et amer, lumière et ténèbre... Il faut entrer dans le symbole comme l'alchimiste entrait dans la Montagne sacrée, au sein de laquelle il découvrait la grotte, cette grotte, espace caché de son tombeau ; cette grotte qui va recevoir l'homme ancien afin qu'il meure et ressuscite, en son temps, à la lumière de l'esprit.

---

1. *Apocalypse*, 10, 9. Traduction G. Compère.

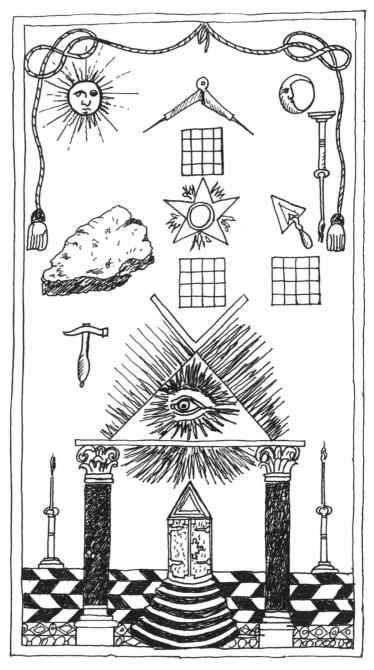

Fig. 1 : Tableau de loge du XVIIIe siècle.

La mort dans la grotte[2] est la condition première de la voie initiatique. L'un des aspects de la grotte n'est autre que notre labyrinthe intérieur... mais encore faut-il avoir la force et la volonté de l'*imaginer*. L'imagination était considérée par les alchimistes comme la condition première de l'œuvre.

« Observe sous toutes ses faces et avec les yeux de l'esprit, je te prie, cet arbrisseau minuscule que donne le grain de froment, afin de pouvoir planter l'arbre des philosophes. Ceci semble désigner l'imagination active comme étant ce qui met véritablement le processus en marche. »[3] Cet arbre dont parle l'alchimiste est en nous, il sort de nous-même pour nous faire devenir *axis mundi*. Ceci signifie qu'il nous incombe de projeter, par l'imagination, dans notre propre espace intérieur, notre vision cosmogonique, c'est-à-dire notre trajet labyrinthique vers la lumière. On pourrait qualifier ce trajet d'*onde de forme*, de cosmogramme tels ceux que la Tradition ésotérique nous a légués : l'arbre des Séphiroth, le Tarot, le Zodiaque, les nombreux labyrinthes (communs à de nombreuses civilisations) et les mandala de l'Orient polymorphe.

Il nous faut donc imaginer, dessiner mentalement notre mandala labyrinthe, qui est toujours un « trajet vers le centre » car c'est bien du centre qu'il s'agit. La démarche de l'Apprenti n'est-elle pas d'axer son centre sur le centre du monde ?

---

2. Cf. Chapitre 11 : Le voyage dans la croix.
3. C. G. Jung, *Psychologie et Alchimie*, p. 330 et pp. 358-359, « l'imagination est l'astre dans l'homme, le corps céleste ou supracéleste [...] mais l'*imaginatio*, ou le fait d'imaginer, est aussi une activité physique qui peut être insérée dans le cycle des transformations de la matière, qui les détermine et qui est à son tour déterminée par elles [...] L'imagination, donc, est un extrait concentré des forces vivantes, aussi bien physiques que psychiques... »

Le Maçon doit inscrire dans le carré long les dimensions intemporelles de son devenir : du Septentrion au Midi, de l'Occident à l'Orient. C'est dans cet espace, hors du temps, qu'il tracera les deux branches de la croix dont l'intersection est précisément le centre, le point de percée de l'*axis mundi* reliant le haut et le bas, le Zénith et le Nadir.

Et comme c'est l'outil du tailleur de pierre et du compagnon-bâtisseur que la symbolique maçonnique privilégie, nous imaginerons ce cosmogramme en trois dimensions, parfaitement *protégé* au sein de la Montagne sacrée. Et c'est dans ce *volume* de lumière que nous découvrirons que la pierre angulaire de l'édifice est la clef de voûte ou « pierre descendue du ciel », ou encore pierre du Graal.[4]

La porte de l'espace intérieur est précédée de sept marches et flanquée de deux colonnes surmontées par la règle du Maçon qui soutient le triangle principal, contenant « l'œil qui voit tout ». Les outils et les fenêtres grillagées sont représentés entre l'équerre et le compas, tandis que le marteau *boucharde* est à proximité de la pierre brute. Au centre brille l'étoile flamboyante. Trois candélabres éclairent l'espace, pavé de noir et de blanc. Le Soleil et la Lune ne donnent qu'une faible lumière... (fig. 1.)

L'imagination « est l'astre dans l'homme », disait l'alchimiste, et cet astre est l'étoile. Et l'étoile présuppose une marche à l'étoile, une pérégrination. Rappelons les trois pas que devait faire Pharaon pour entrer dans son éternité, le troisième était le pas de l'étoile[5]. Bouddha,

---

4. J. Palou, *La franc-Maçonnerie*, pp. 296-297.
5. J. Behaeghel, *Trois pas pour l'éternité*.

dès sa naissance, fit sept pas vers le Nord pour construire et imaginer son monde de beauté, de force et de sagesse...

L'imagination conduit à la pérégrination qui est la deuxième condition de la voie symbolique.

« La pérégrination symbolique aux quatre points cardinaux chez Michael Maïer (1568-1622) est le voyage de l'opus [...] à la recherche de la Toison d'or [...] le voyage se terminant par la découverte du tombeau d'Hermès. »[6]

La pérégrination doit donc se faire le long des quatre bras de la croix à la recherche d'une totalité, au point (centre) de rencontre de l'horizontale et de la verticale. Et c'est à la verticale du centre, au pôle-sommet de l'*axis mundi* que l'initié découvrira, en effet, son tombeau. Son tombeau de résurrection. Ce voyage (*peregrinatio*) est un voyage dans le non-temps, entre passé et futur, entre les douze heures de midi et les douze heures de minuit, l'heure du présent éternel, l'heure de la plénitude du nombre douze, le nombre de la Jérusalem céleste. C'est dans cette fine fente du présent que l'homme nouveau naîtra, de la matrice du Dieu. C'est dans ce tombeau, dans le silence de ce non-temps, qu'il méditera, en contemplant le cosmogramme.

La méditation est, en effet, la troisième condition de la voie initiatique-symbolique. Méditation que l'on peut définir comme une concentration inhabituelle de tout l'être sur l'objet de la quête. Il s'agit d'une concentration réalisée avec « une réelle ferveur religieuse »[7]. Ce colloque intérieur est un dialogue avec nous-même, que la psychologie des profondeurs appelle l'inconscient. Il

---

6. C. G. Jung, *Psychologie et Alchimie*, p. 472.
7. C. G. Jung, *op. cit.*, p. 355.

s'agit d'un " *dialogue* créateur *par lequel les choses passent d'un état potentiel inconscient à un état manifesté* " »[8]. Il importe donc de méditer l'indicible, l'incommunicable que nous percevons, en contemplant l'étoile. Et cet inconnaissable aura pour support le symbole, qui est toujours ambivalent, initiatique et universel. Ambivalent parce qu'il est double, à la fois lumière et ténèbres, blanc et noir, actif et passif, visible et invisible... Le symbole est toujours deux et multiple. Il est deux pour créer le trois... et le quatre, et c'est par le quatre qu'il refait le Un dans la divine décade (1+2+3+4=10).

Le symbole est initiatique car il porte en lui la mort et la résurrection, la terre et le feu, terre de la mort horizontale dans le caveau du temps et ciel de résurrection dans le feu de l'étoile.[9]

Le symbole est universel parce que dans toutes les traditions ésotériques, le carré conduit à la croix et la croix est toujours la rencontre de l'homme horizontal et de l'ange vertical.

Le triangle du Maçon, l'œil de l'Architecte, est aussi celui de Shiva, d'Osiris, du Christ. Et ce triangle est le principe, la voie universelle vers l'unité par le quatre incarné, par la mort dans le quaternaire.

L'initié découvre le symbole dans l'outre temps de la loge, par la liberté et l'amour de ses Frères.

---

8. *Ibid.*, p. 356.
9. P. Dangle, *Le livre de l'Apprenti*, p. 25 : « L'anagogie, c'est ce vers quoi tend un initié, à savoir l'interprétation vivante du symbole. [...] Les symboles nourrissent l'intelligence du cœur en nous apprenant à relier ce qui doit l'être dans l'espace sacré... »

L'incommunicable a aussi comme support le rituel, qui est le symbole en action ; par le verbe et le geste mais aussi par la circumambulation autour du centre, dans la chaleur lumineuse de l'étoile, par le nombre et sa valeur sacrée.

Enfin la quatrième condition de la voie est l'*amplification*. Cette dernière est probablement la condition essentielle pour entrer dans la « lumière » du symbole. Pour réussir à intégrer notre cosmogramme au plus profond de notre être, il importe d'élargir notre vision. De la mettre en résonance avec l'universel ; pour ce faire nous devons aller du microcosme au macrocosme, de la symbolique maçonnique à d'autres symboliques. Et ce sont ces comparaisons, ces éclairages successifs du symbole qui nous permettront de l'amplifier afin qu'il nous devienne « familier », c'est-à-dire personnel. Le symbole doit faire partie de notre être. Nous devons devenir carré, triangle, croix, centre, lumière... par des mues successives, par un démembrement de notre corporéité, afin que notre vision rejoigne la vision du Grand Architecte, la vision universelle du Dieu. Le symbole doit nous ouvrir à l'universel, sinon il n'a aucun sens.

À titre d'exemple, il est intéressant, sinon essentiel, de savoir que le nombre sept est présent dans de nombreuses traditions et qu'il est toujours associé à la fois à la perfection de l'androgyne et à la recréation du monde en vue de sa spiritualisation. Les sept phases de l'Œuvre alchimique conduisent à la « teinture », c'est-à-dire à l'élixir de vie éternelle ; les sept échelons de l'échelle mithriaciste conduisent à l'illumination de l'initié ; les sept pas de Bouddha le propulsent au Nord du monde, c'est-à-dire au pôle ; le septième arcane du Tarot représente l'androgyne quittant le monde terrestre sur le char du soleil ; les sept étoiles ou les sept églises de l'*Apocalypse* symbolisent les sept phases de l'initiation, de la transfiguration.[10] Les sept jours de la création biblique représentent la totalité du créé, de même que les sept ordres du serpent de Vishnou... Des sept astres de la Tradition aux sept cieux du Chaman, aux sept châteaux de Perceval ou aux sept portes de l'enfer sumérien, le nombre sept implique une transmutation dont le résultat ultime est la lumière ou l'illumination, le passage du monde de la matière au monde de l'esprit. Le passage de la terre temporelle à la terre céleste.

Imaginer, pérégriner, méditer et amplifier sont donc les aspects essentiels de la méthode symbolique, méthode qu'il incombera au Maçon de mettre en pratique dans le cadre ésotérique de la tradition.

C'est dans la loge, et avec ses outils qui en sont le symbole ; par le rituel ; par l'enseignement mutuel et surtout par son travail personnel que le Maçon pourra se construire et participer à l'édification du temple qui deviendra œuvre commune.

C'est avec le compas céleste et l'équerre terrestre qu'il découvrira l'espace sacré, le tableau de loge sur lequel il tracera, comme jadis le tailleur de pierre de la Bauhütte, le cercle, et dans le cercle le carré, et dans le carré le triangle, afin de découvrir le *point*, ce point qui est le centre... à l'intersection des diagonales du carré long.

Ce centre est la pierre, la pierre qui contient l'étoile, cette étoile contient l'œil de l'Architecte, l'œil de la vision, qui au-delà de l'apparence, fait apparaître une

---

10. J. Behaeghel, *Apocalypse, une autre Genèse*.

autre lumière que celle du jour terrestre ; notre lumière intérieure. Alors l'apprenti-Maçon montera les trois marches du parvis et ira se placer entre les colonnes. Et même si le chantier est éclairé par une faible lumière, il y voit suffisamment pour commencer son travail, pour tailler la pierre suivant le plan qui reflète l'égrégore de la loge et sous l'œil de son Surveillant dont le silence *aimant* est plus éloquent que le bavardage du monde profane. Le Surveillant lui soufflera à l'oreille que la lumière ne vient pas des fenêtres grillagées mais du centre de la loge, du cœur des Maçons.

Tenue après tenue, le Vénérable posera ses questions et les Surveillants répondront, ils répondront que le temps est un autre temps, que l'espace est un autre espace et que le travail doit se faire par le nombre et le symbole, par la pierre qui doit être ouverte pour en extraire le cœur... qui en est l'esprit.

Le travail se fait dans l'œil de l'Architecte qui est aussi l'œil de ses Frères. Il travaille et se voit dans le regard de l'Autre.

Le rituel scande la marche vers l'étoile, dans ce labyrinthe que couronne la voûte étoilée. Le rituel, à chaque fois, lui rappelle l'objet de la quête. « Pourquoi sommes-nous rassemblés ? » Pour construire le temple. « De quel temple s'agit-il ? » Du temple de la connaissance-conscience qui conduit à la vision du sacré.

Cette connaissance que ses Frères lui donnent, par le geste, par la vibration, par le tracé de la géométrie céleste qui est formes et nombres, cette géométrie qui est le moule nouveau dans lequel nous devons nous allonger pour mourir à nos futiles pensées, à nos vains désirs.

Cette géométrie sacrée est le tombeau de notre résurrection. Mourir et se régénérer par un travail de tous les instants, par une ferveur à toutes épreuves, entouré par ses Frères, aimants, tolérants, respectueux...

L'Apprenti-Maçon est porté par ses Frères, qui s'enseignent mutuellement, qui lui rappellent, à chaque fois, qu'ils sont là pour l'aider et l'encourager à commencer le voyage mais que c'est lui, et lui seul, par son travail, qui s'initiera à la vision nouvelle de son devenir au sein de la loge. Il s'initiera dans les yeux de ses Frères, par un travail personnel qui sera mis en commun, à la recherche des multiples visages du symbole ; par analogie, amplification et méditation. Jusqu'au jour, lointain, où il pourra redevenir un en réunissant à jamais les deux morceaux de son être, les deux morceaux du symbole.

Le travail en commun est probablement la méthode la plus efficace pour découvrir les différents éclairages du symbole. Chaque Frère exprime, dans son travail, son propre tracé et en fait part à ses Frères, l'offre à ses Frères. Chacun enseigne l'autre...

Le tracé du tableau de loge[11] est un exemple parmi beaucoup d'autres de cette vision multiple. Pour les uns le tableau sera recréation du cosmos, pour d'autres la mise en place, la délimitation du temps profane, pour d'autres encore le passage, la transformation des nombreux binaires symboliques en ternaires : les deux figures astrales du Soleil et de la Lune devenant étoile entre l'équerre et le compas ; les deux colonnes devenant la porte verticale vers l'invisible... Pour d'autres encore la mise en évidence des nombreux signifiés pour un même

---

11. Cf. *infra.* chapitre 9 : Le tableau de loge.

signifiant : la Lune et le Soleil sont aussi la nuit et le jour, les ténèbres et la lumière, le silence et la parole, la réflexion et l'émanation, la passivité et l'activité, le féminin et le masculin, etc. Pour d'autres enfin le tracé est une démonstration du symbole en action. Le symbole crée la cosmogonie, le cosmogramme, et ce dernier devient le temple de Salomon, qui est lui-même symbole de notre temple intérieur et du temple vivant constitué par l'ensemble des Frères de la loge.

La méthode du travail en commun est, en soi, une amplification du symbole par les points de vue opposés et *complémentaires* de tous les Frères de la loge. Si à ce travail on ajoute celui de l'amplification des diverses traditions ésotériques, nous découvrirons alors l'extrême richesse du symbole et son *éclairante* réalité.

Un exemple de cette amplification ésotérique peut être donné par l'amplification numérologique du nombre quatre.

Le premier cycle pourrait correspondre à la tradition pythagoricienne, par la Tetraktys conduisant à la divine Décade. Dans ce cycle, le nombre quatre recrée l'unité par ses constituantes représentées dans le triangle (fig. 2).

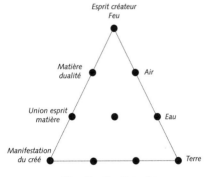

Fig. 2 : *La Tetraktys*

Le carré devient triangle et le triangle se magnifie dans l'unité cosmique du nombre dix : 1+2+3+4=10.

La seconde amplification (le second cycle) est une amplification par la multiplication du nombre quatre par lui-même, le nombre quatre au carré : 4^2. C'est le cycle de l'incarnation (mort-résurrection) du nombre seize qui est le nombre tarotique de la Maison Dieu ou de la Tour foudroyée, c'est-à-dire la Tour de la rencontre de l'humain et du divin (par l'éclair divinisant)[12] ; la naissance de l'homme-dieu. Homme-dieu qui correspond, par réduction théosophique du nombre seize[13], à l'androgyne, au triomphateur du Tarot (l'arcane sept - 1+6=7) qui, sur son chariot, s'élève vers les hauteurs. Une autre forme de ce nombre seize pourrait s'exprimer par le swastika aux branches en spirale (chaque branche étant recourbée trois fois) (fig. 3).

4   8   12   16

Fig. 3 : Le Swastika et le nombre seize.

Ce très beau symbole peut être associé au labyrinthe du temps dans lequel l'initié pérégrinera vers son centre, par les branches de la croix... Autrement dit, le seize évoque la sortie du temps, au centre de la croix.

Enfin le troisième cycle peut s'illustrer par la tradition chinoise du Yi-King et le nombre soixante-quatre, soit 4^3 le nombre quatre *au cube*. Dans cette tradition, le nombre épuise définitivement l'espace et le temps de la manifestation.

---

12. Dans la Tradition, l'éclair divinise tout ce qu'il touche.
13. La réduction théosophique est la réduction d'un nombre à l'unité : exemple 16=1+6=7.

Le Yi-King, par ses soixante-quatre hexagrammes sacrés, exprime l'union et la désunion, l'équilibre et le déséquilibre, la mort et la renaissance, la fin et le commencement des êtres et de la vie terrestre[14]. Il représente donc tous les devenirs possibles du créé. Ce nombre est d'autant plus intéressant qu'il marque aussi la fin de la spirale du jeu de l'Oie (soixante-trois cases conduisent au château de la Mère l'Oie) et qu'il donne, par réduction théosophique, le nombre dix de l'unité cosmique: 6+4=10.

4^3 peut aussi nous faire penser au cube de la Jérusalem céleste, dont nous parle Jean de Patmos et qui symbolise la quaternité (le nombre quatre) divinisée par l'Agneau (le nombre trois de la Trinité christique)...

Voici un merveilleux exemple de la beauté de la symbolique numérique et de son amplification révélatrice.

---

14. Les soixante-quatre hexagrammes sont issus des mutations successives des deux hexagrammes de base : Le Ciel (Le Père) représenté par six lignes continues (≡≡≡) et la Terre (La Mère) représentée par six lignes discontinues (≡≡ ≡≡). Autrement dit c'est l'union du Ciel et de la Terre qui va susciter les différentes formes de la manifestation. La Terre reçoit en son « vide » tous les devenirs du monde.
Tout est mélange de Terre et de Ciel, de matière et d'esprit.
Cf. Hadès, l'approche de soi et la divination par le Yi-King pp. 40-41.

Chapitre 2

LE PASSAGE DE L'OMBRE À LA LUMIÈRE

L'initiation est une succession de morts et de résurrections, elle est passage du temps au non-temps, intégration du symbole dans le vécu...

L'initiation présuppose toujours un voyage, et ce voyage est un passage d'un monde vers un autre, d'un monde fini vers un monde infini, intemporel, indéfinissable par les moyens de la raison. Un monde dans lequel le temps est immobilisé, éternisé[1], un monde dans lequel la parole devient silence, le plein devient vide, la circonférence devient point, le nadir devient zénith.

Autrement dit, le passage, dans le voyage, correspond à un changement d'état, et ce changement d'état peut se définir par la *montée* de la conscience. Qu'il s'agisse du passage de l'inexistence à l'existence (la naissance), de l'enfance à la puberté, du célibat au mariage, de la vie à la mort, tous ces passages correspondent à des rites[2] qui

---
1. P. Citati, *La lumière de la nuit*, pp. 471-472.
2. A. Van Gennep répartit les rites de passages en trois catégories : les rites de séparation (funérailles...), les rites de marge (grossesses...) et les rites d'agrégation (mariage...).

nous facilitent la prise de conscience d'un nouvel état. Ce nouvel état est une résurrection, l'initié, au fil de ses morts et résurrections successives, devient de plus en plus présent à l'outre-monde, ce monde opposé au monde de l'apparence et du cycle temporel. En Egypte ancienne, l'initié devenait un lumineux, un nouveau vivant. Sa qualité de lumineux explique bien le passage, fondamental pour le candidat à l'initiation, de l'ombre de la matière à la lumière de l'âme. Prendre conscience, découvrir son âme, est le seul objectif du passage.

Nous ne parlerons ici que des rites initiatiques présupposant presque toujours une désintégration (démembrement, descente en enfer,...), une illumination (vision de l'outre-monde...) et une résurrection (nouveau corps, nouveau nom...).

C'est le rite de passage, grâce aux cérémonies du rituel, qui va permettre au symbole d'agir. Le symbole est en effet l'essence même du rituel, symbole qui est lui-même une émanation du mythe. Le symbole est le mythe en action. Le rituel (dans le rite) raconte une histoire et cette histoire reproduit les gestes créateurs des héros ou des dieux. Il s'agit de l'histoire intemporelle du monde. Une histoire qui se passe dans un pré-temps, dans un temps avant le temps...

C'est donc en refaisant le geste du dieu que l'initié participe à la création du monde, il la continue, en s'intégrant, d'une certaine façon, la substance spirituelle de la divinité, en communiant à sa conscience, en étant illuminé par sa lumière.

La divinité est toujours une épiphanie de la lumière et le rituel en est la cosmogonie.

C'est le *passage* de l'inconscience à la conscience, le passage de l'ombre à la lumière, qui constitue l'expérience initiatique.

Expérience que l'on ne peut dissocier du nombre, d'une déambulation (pérégrination) et d'une mort symbolique. Ce nombre est très souvent le nombre sept qui est le nombre de la plénitude créatrice, le monde se construit et se déconstruit par les sept phases de la manifestation. L'Œuvre alchimique résume très bien toute la problématique initiatique. Les trois matières de l'Œuvre, mercure, sel et soufre, illustrent le processus de transmutation (le passage d'un état en un autre) ; le mercure premier (la *materia prima*) est dissout dans la nigredo pour se coaguler dans le sel de la matière spiritualisée (l'*albedo*) et se purifier enfin dans la brûlure du soufre (la *rubedo*). Quant à la transmutation elle-même, elle se réalisera suivant les sept phases de l'Œuvre : la putrefactio, la distillatio, la calcinatio, la coagulatio, la solutio, la sublimatio et la tinctur. L'être, d'abord inconscient, sera désarticulé, démembré (dans la terre mortelle) pour renaître dans l'eau de maturation, se purifier dans le feu de conscientisation et enfin se verticaliser dans l'air d'illumination-résurrection.

Les chamans envisagent le processus d'une façon très réaliste. Voici la première phase d'une initiation de medicine-man à Malekula[3] :
« Un Bwili de Lol-narong reçut la visite du fils de sa sœur qui lui dit :
— Je désire que tu me donnes quelque chose.

---
3. M. Éliade, *Le chamanisme et les techniques archaïques de l'extase*, p. 61, cite J.W. Layard, *Malekula, flying tricksters, ghosts, gods and epileptics* (P. Radin, *La religion primitive*, pp. 99 ssq.)

Le Bwili lui dit "As-tu rempli les conditions ?"
– Oui je les ai remplies [...]
– C'est bien.
Il dit alors à son neveu :
– Viens ici. Couche-toi sur cette feuille.» Le jeune homme se coucha sur elle. Le Bwili se fit un couteau de bambou. Il coupa le bras du jeune homme et le plaça sur deux feuilles. Il rit de son neveu et celui-ci répondit par un éclat de rire. Il coupa alors l'autre bras et le plaça sur les feuilles auprès du premier. Il revint et les deux rirent. Il coupa la jambe [...] et il coupa l'autre jambe [...] Enfin il trancha la tête et il la mit devant lui. Il rit et la tête aussi riait. Il remit ensuite la tête à sa place. Il reprit les bras et les jambes qu'il avait enlevés et il les remit en place.» La suite de cette cérémonie initiatique comprend la transformation magique du maître et du disciple en poule, symbole bien connu de la « puissance de voler » des chamans et des sorciers en général... »[4]

Dans le rituel ci-dessus, le démembrement (les rires du maître et de l'initié sont le signe de l'entrée dans l'outre-monde) est similaire à celui d'Osiris, coupé en quatorze morceaux (deux fois sept) par son frère-jumeau Seth[5] pour devenir la nourriture des hommes et le dieu des nouveaux vivants (dans l'outre-monde). Le démembrement d'Osiris a probablement influencé celui d'Orphée, démembré par les femmes de Thrace, et dont la tête, em-

---

4. M. Éliade, *Chamanisme*, pp. 61 et 68 – « Remarquons enfin que le mythe de renouvellement par le morcellement, la cuisson ou le feu a continué à hanter les humains même en dehors de l'horizon spirituel du chamanisme. Médée réussit à faire assassiner Péléas par ses propres filles en le convaincant qu'elle le ressuscitera et le rajeunira, comme elle l'a fait avec un bélier. Et quand Tantale tue son fils Pélops et le sert au banquet des dieux, ceux-ci le ressuscitent en le faisant bouillir dans une marmite... »
5. J. Behaeghel, *Osiris, le dieu ressuscité*, pp. 68 et 91.

portée par les eaux, continue à chanter longtemps encore (nous retrouvons ici le rire de la tête du chaman). De même la crucifixion du Christ peut être comparée à un démembrement. Dans tous ces cas, cités ici à titre d'exemples, le héros ou le dieu descend en enfer, il doit obligatoirement « visiter la terre », le subterrestre, avant de pouvoir découvrir la lumière intemporelle, et ceci est parfaitement illustré par le mythe d'Ishtar. Cette dernière, Vénus sumérienne, descend en enfer pour annihiler la mort et offrir l'immortalité aux hommes. Pour ce faire elle devra franchir les sept portes des enfers, en abandonnant à chaque porte une pièce de son vêtement. Elle se présentera nue devant la déesse des enfers : Ereshkigal. Le fait de se dénuder peut être associé à l'abandon de notre peau terrestre précédant la résurrection dans un corps de lumière (c'est une transfiguration). Quant aux sept portes, elles évoquent, comme dans tant de mythes, l'importance du nombre lunaire sept, que nous retrouvons dans les quatorze morceaux du corps d'Osiris, dans les sept planètes du mythe de Mithra, dans les sept tables d'Hermès, les sept châteaux de Perceval, les sept phases de l'Œuvre alchimique et surtout dans les sept étoiles de l'Apocalypse (le monde de la transmutation cosmique)[6].

La descente en enfer est comparable, dans l'optique contemporaine, à une descente dans l'inconscient, cette extraordinaire réserve de tous les possibles.

Il s'agit également d'une descente de l'échelle de *déconstruction* du monde de l'apparence, opposé complémentaire du monde de la création première (les sept jours de la Genèse ou les sept ordres du Serpent indien...).

---

6. J. Behaeghel, *Apocalypse une autre Genèse*, p. 20.

Le nombre sept est symboliquement celui de toutes les créations dans la vision d'une conception cyclique du monde. Sept est en effet le nombre du cycle lunaire (4x7), et la Lune, comme l'a souligné M. Éliade, est le premier ressuscité de l'histoire. Elle meurt et ressuscite chaque mois au rythme de ses quatre phases septénaires. Les dieux qui meurent et ressuscitent sont généralement des dieux lunaires[7]. Le passage se fait donc presque toujours par le nombre sept.

Dans le chamanisme, l'initié doit gravir une échelle à sept échelons, symbolisant les sept cieux et la verticalisation de l'être, son accès au monde de l'Empyrée[8].

« L'ascension au moyen d'un arbre ou d'un poteau joue un rôle important dans d'autres initiations du type chamanique ; elle doit être considérée comme une des variantes du thème mythico-rituel de l'ascension au ciel (thème qui comprend aussi le vol magique, le mythe de la chaîne des flèches, de la corde, des ponts etc... »[9].

L'échelle à sept échelons constitue par conséquent le *reflet* de celle qui descend en enfer. La descente est suivie d'une remontée vers le zénith du monde de la lumière ; la mort n'a de sens que dans la résurrection. La chaîne initiatique illustre la relation vie-mort-vie, la deuxième vie étant celle du nouvel état de l'initié.

---

7. Ils sont solaires si c'est la résurrection quotidienne du soleil qui est célébrée (Mithra et Râ en sont deux très beaux exemples).
8. L'échelle à sept échelons est présente dans le mythe mythriaque. Chaque échelon était associé à un métal et à une planète. L'Empyrée est la sphère céleste et, étymologiquement, le monde du feu.
9. M. Éliade, *Chamanisme*, p. 110.

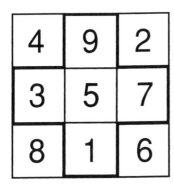

Fig. 4 *Le monde en neuf des Chinois.*

Rappelons encore que le nombre sept est celui du mariage sacré (hiérogamie) entre le quaternaire humain et le trinitaire divin (4+3) souvent illustré par l'androgyne alchimique qui n'est, en définitive, que la naissance (ou la renaissance) de l'homme nouveau, l'homme de lumière.

Enfin, en symbolique initiatique maçonnique, les trois degrés de l'initiation de la Maçonnerie bleue se structurent suivant les nombres trois, cinq et sept. Trois pour l'Apprenti, cinq pour le Compagnon et sept pour le Maître. La somme de ces trois nombres donne quinze (3+5+7), c'est-à-dire le nombre du cycle lunaire plus un $(14+1)^{10}$. Autrement dit, au terme du cycle initiatique l'initié sort du temps (14-28) et refait son unité dans un autre monde, le monde de l'imaginal (selon Corbin), le monde de l'illumination et, à un degré ultime, de la transfiguration.

Voyons maintenant comment s'articule le rite de passage dans l'initiation maçonnique. On peut résumer en disant qu'elle se fait par trois fois quatre morts successives, c'est-à-dire par la symbolique du douze qui est le

---

10. La symbolique du nombre quinze est particulièrement complexe. Quinze est le nombre du Diable (c'est-à-dire de la descente en enfer et du feu purificateur) dans le Tarot. « Ce nombre représente le monde des créatures à l'image de l'Archétype (1+5=6). » (R. Allendy, *Le symbolisme des nombres*, p. 362)Le monde en neuf chinois conduit aussi au nombre quinze. Autrement dit, c'est au-delà du monde de la manifestation (le neuf) qu'il faut découvrir la lumière de l'initiation (fig.4). 4+9+2=15 ; 3+5+7=15 ; 8+1+6=15, etc.

nombre de la Jérusalem céleste, donc de l'outre-monde, le monde de la spiritualisation de la matière.

Les trois degrés (Apprenti, Compagnon, Maître) représentent les trois phases successives du processus de transmutation.

L'Apprenti mourra quatre fois dans les éléments de la matière alchimique: la terre, l'eau, le feu, l'air.

Le Compagnon connaîtra, lui, quatre illuminations dans l'Étoile flamboyante.

Quant au Maître, il vivra la résurrection après avoir subi les quatre morts par les trois outils des mauvais compagnons et son démembrement dans la terre.[11].

Mourir dans les quatre éléments correspond à la métamorphose de notre propre corporéité. Le corps de matière meurt dans l'obscurité de la caverne-Terre, le tombeau de résurrection ; se dissout dans l'Eau baptismale, l'eau de la nouvelle naissance ; se spiritualise dans le Feu de la conscience et se verticalise dans l'Air de légèreté. L'horizontale de la Terre-Eau devient la verticale du Feu-Air.

Il s'agit d'une pérégrination vers le centre-pôle de l'unité recréée. Le voyage de l'initié est un voyage de réunification de l'être. Cet être qui a été séparé, divisé, démembré par la dualité de sa chute dans le temps.

Le temps quaternaire divise, la verticalisation de la lumière unifie dans l'Unité de la vision créatrice.

---

11. Signalons que le tertre d'Hiram est comparable au tertre égyptien de la création primordiale...

L'initié est l'objectif ultime de l'initiation, par le rituel du passage. Le rituel du passage *initiatique* est illustré en loge par les gestes, les pas et les déambulations associés à chaque degré.

L'escalier à vis (heureusement encore utilisé dans certaines loges) est là pour permettre à l'initié de se verticaliser, d'entrer dans la connaissance-conscience. Les trois premières marches sont réservées à l'Apprenti, les deux suivantes au Compagnon et l'escalier dans sa totalité septénaire sera accessible au Maître, arrivé dans le ciel de sa *solarisation*. C'est là que l'initié complet échangera sa peau d'aveugle, sa peau terreuse, contre sa peau de soleil, sa peau de lumière.

Il va sans dire que les pas de chaque degré sont par nature cosmogoniques. C'est en faisant trois pas que l'Apprenti Maçon entre dans l'espace sacré et se coupe définitivement du monde profane ; c'est en faisant trois pas qu'il entre dans son labyrinthe intérieur, à la découverte de son centre. Le Compagnon, par ses cinq pas, découvre le chemin de l'étoile, le chemin de l'illumination. L'étoile flamboyante l'initiera à l'art du tracé. Le Maître, par ses sept pas, comme Bouddha, reconstruira le monde à l'image de sa vision intérieure, un monde dans lequel, comme celui de l'*Apocalypse*, la terre devient céleste. Les quatre éléments de la Tradition y seront définitivement remplacés par les quatre éléments de l'innommable, de l'Invisible : la vibration, le silence, la lumière et la conscience. On pourrait également associer les sept pas du Maître aux sept ans de la construction du Temple de Salomon (1 Rois, 6, 38). Le Temple de Salomon étant le cadre cosmogonique de référence à la symbolique maçonnique et à l'espace sacré de la loge, on voit l'intérêt de cette analogie. Le Maître reconstruit le Temple par ses sept pas, parce qu'il connaît le rite, le nombre et le symbole.

Il est intéressant de rappeler que les anciens Égyptiens élevaient annuellement la statue de la divinité, par l'escalier à vis, sur la toiture du Naos afin de la *solariser*, c'est-à-dire de lui tranmettre la vie de l'éternel...

Le rituel associe, comme nous l'avons vu dans les exemples du mythe, le geste, le nombre, la déambulation, les outils et la parole (la vibration). Ce sont, en fait, les éléments de la cosmogonie.

Le rituel du geste associé au nombre permet à l'initié de refaire le monde, hors du temps, comme il existait *in illo tempore*. Les déambulations se font d'occident en orient pour pérégriner de l'ombre (le coucher du soleil) à la lumière (le lever du soleil), la marche est une marche au soleil ou plus exactement à l'Etoile qui en symbolise toute la lumière *invisible*. Les circumambulations, quant à elles, symbolisent les cercles concentriques de la progression *verticale* dans le labyrinthe du temps, progression que l'on peut associer soit au serpent enroulé autour de l'*axis mundi* (arbre de vie) et dont la tête touche au pôle, soit à l'ouroboros qui se mange le corps afin de transmuter toute sa matière en esprit (ou tête).

Tout le travail du Maçon se fait entre équerre et compas, c'est-à-dire entre les outils cosmogoniques par excellence. L'équerre qui crée la terre, et le compas, le ciel. L'initié reliera, dans une même réalité, les deux aspects de notre terrestréité : le bas et le haut. Il les réunira, non seulement par les outils du tracé mais aussi par ceux de la taille et de la vibration : le maillet et le ciseau. Le maillet qui non seulement relie entre eux les membres de la triade dirigeant la loge : le Vénérable et les deux Surveillants, dans une *même* vibration transmutatrice, mais qui assure aussi la taille de la pierre, cette pierre, rejetée par le monde, et qui devient la clef de voûte, cette pierre qui devient le cube parfait de la nouvelle Jérusalem, le temple de l'Esprit.

C'est en frappant trois fois sur la table d'airain du château vibrant que Perceval va faire basculer le monde, qu'il va se projeter au centre du château du Graal. Le septième château, le château de la lumière.

Il est donc clair que la symbolique est universelle et que les rites de passage se répètent dans le temps sur base d'une même trame. L'initié chemine de l'ombre vers la lumière, du baptême dans l'eau de régénération (que les anciens Égyptiens appelaient le lac de l'Oie) à l'angélomorphose, à la verticale du centre, là où Thésée a tué le Minotaure, là même où Dédale s'est élevé sur les ailes du non-temps...

De l'ombre vers la lumière, du carré noir au carré blanc, pour rencontrer entre passé et futur cette fine fente du présent, l'éternel présent, celui qui relie, à jamais, le début et la fin, l'alpha et l'oméga, celui qui relie à jamais les deux morceaux du symbole.

Fig. 5 : La chaîne de la conscience (Arbre - Serpent - Ève - Adam) (Art roman du Xe siècle)

Chapitre 3

LE MYTHE DES COMMENCEMENTS
LA NAISSANCE DE LA DUALITÉ

La mythologie est l'histoire intemporelle du monde. Histoire dans laquelle le symbole se révèle, dans laquelle il est mis en action dans le visible. Sans la mythologie, le symbole nous serait totalement inaccessible. Le symbole a besoin d'un support « créationnel » pour se manifester à nous. Et c'est pourquoi si le Maçon veut entrer dans le symbole il doit se familiariser avec le mythe et ses multiples visages.

Le serpent qui présente le fruit à la femme, dans la *Genèse* biblique, nous enseigne que non seulement la connaissance-conscience passe par la femme (l'initiatrice) mais que le fruit doit être mangé par l'homme afin qu'il comprenne le sens du temps. Le serpent est le symbole de la montée de la conscience (Phanès, Gilgamesh et la kundalini tantrique en sont d'autres illustrations). Le fruit associe le serpent, la racine animalisée du temps (le bas) et la femme, la source humaine de la prise de conscience, prise de conscience qui réunit, dans une même connaissance, la chair (le ventre) à l'esprit (le cœur) (fig. 5).

On pourrait résumer la mythologie des commencements à deux grandes cosmogonies : celle de la séparation, de la coupure ou du démembrement du dieu pour créer la Terre et le Ciel (Osiris, Tiamat...) et celle de la création par le pouvoir du verbe-lumière ou de la vibration de la parole créatrice, et dans ce cas la mythologie est progressive (la *Genèse*, l'Ennéade égyptienne, les sept ordres du serpent védique). Soit le dieu est coupé en deux – comme Tiamat – soit en plusieurs morceaux pour imprégner la Terre – comme Osiris, Purusha ou l'Adam Kadmon.

On peut dire que cette vision met en jeu la mort du dieu dans sa création pour la faire vivre et pour le faire naître à l'esprit intemporel (la résurrection). Ceci présuppose également la multiplicité du créé, condition même de la temporalité. Multiplicité annoncée par la dualité androgynique que les *jumeaux* inscrivent dans le temps.

L'androgyne, avant de se séparer de lui-même pour créer le féminin et le masculin, possède en lui la totalité non encore révélée, non encore incarnée. Phanès est une bonne illustration de l'androgyne se manifestant (Phanès se traduit par *Manifesté*) par la force spirale du serpent. Ce dernier est le symbole par excellence de la Manifestation ; il est présent dans la plupart[1] des mythes des commencements et s'il y est présent, il se manifeste par l'arbre de la connaissance ou l'eau matricielle. Le serpent de la *Genèse* est le début de la chaîne de conscience ; chaîne qui conduit de l'arbre à l'homme (arbre-serpent-fruit-femme-homme). Dans la mythologie sumérienne, Tiamat, le serpent-poisson, est coupé en deux par Mardouk, pour créer le Ciel et la Terre. Dans la

---

1. J. Behaeghel, *Les grands symboles de l'humanité*, pp. 21-24.

théogonie grecque, Gaia, la déesse-Terre, donne naissance à Ouranos, le dieu-Ciel. Le Ciel, dans cette vision, est une émanation, une projection de la Terre...

Toujours dans la mythologie grecque, c'est le serpent-dragon qui est le gardien de l'arbre de l'éternité, placé dans le jardin des Hespérides.

Le serpent se séparant de l'arbre annonce l'émergence de la dualité, le plus souvent sous la forme de deux êtres sexués tels Adam et Ève (Ève naissant d'Adam), Caïn et Abel, Osiris et Isis, Seth et Nephthys, Romulus et Remus... « L'androgynie initiale engendre le couple, qui tend à son tour à la reconstitution de la fusion originelle »[2] ; tels le roi et la reine dans la fusion alchimique. Souvent un des deux jumeaux devra mourir, comme Osiris mourant dans le Nil (l'eau de vie) pour lui transmettre sa force fécondatrice sous la forme du poisson (son sexe est mangé par le poisson). Dans un même ordre d'idée, Ouranos est séparé de son épouse Gaia par son fils Cronos qui l'émascule. Son sexe donne naissance à Aphrodite, la déesse de beauté naissant de l'océan primordial. L'émasculation du Dieu symbolise à la fois son incarnation et son retour à l'unité androgynique.

Rappelons aussi que tous les signes du Zodiaque sont des expressions de la gémellité. Ces signes sont doubles, soit par leurs éléments constitutifs (les deux cornes du Bélier, les deux Gémeaux, les deux Poissons, les deux spirales du Cancer, les deux plateaux de la Balance, les deux ondes du Verseau), soit par la réunion de deux éléments complémentaires (la lune et le soleil du Taureau, la spirale et le dard du Scorpion, la spirale et la coupe de la

---

2. J. Libis, *Le mythe de l'androgyne*, p. 34.

Vierge, le cheval et l'homme du Sagittaire, le poisson et la chèvre du Capricorne...).³

On peut dire que dans ces mythes de séparation et de coupure du dieu initial, c'est la lumière qui sépare la substance créatrice en deux éléments de même nature mais apparemment antagonistes : en Égypte, Râ (la lumière) sépare Shou (le sec) et Tefnout (l'humide). Mardouk, à Sumer, sépare le haut du bas. La lumière, elle-même, se dédouble et devient ténèbres et lumière, nuit et jour. La montée de la conscience révèle assez vite que ces deux entités antagonistes sont, et ne peuvent qu'être, complémentaires. Autrement dit, la forme ne peut exister que grâce à l'opposition de l'ombre et de la lumière.

Le second schéma fait intervenir le logos (le verbe-lumière) comme principe créateur. Dans ces cosmogonies, le monde est *dit*. Le démiurge *expire* le créé par la vibration de son verbe ; et cette vibration-souffle anime et organise la matière, préexistante et chaotique, c'est-à-dire incohérente et inconsciente.

« Dieu dit: " Que les eaux qui sont sous le ciel s'amassent en une seule masse et qu'apparaisse le continent " et il en fut ainsi [...] Dieu dit : " Que les eaux grouillent d'un grouillement d'êtres vivants et que les oiseaux volent au-dessus de la terre contre le firmament du ciel... " »⁴ Les ordres divins se succèdent pour remplir le temps et créer le cycle symbolisé par le nombre sept.⁵ L'ordre créateur et organisateur du monde est septénaire.

---

3. J. Behaeghel, *Le Zodiaque symbolique*.
4. *Genèse*, 1, 3-26.
5. Le cycle lunaire est lui-même construit sur le nombre sept : 4x7 jours.

« Au commencement, l'univers n'était qu'un souffle [...] Seul l'Esprit suprême, le Pouvoir inconditionné, le Créateur, le Serpent à sept têtes se mouvait dans l'abîme des ténèbres [...] Les sept intelligences supérieures du Serpent à sept têtes donnèrent sept ordres. Le premier ordre fut : Que les fluides sous forme dispersés à travers l'espace se réunissent, et que la Terre en soit formée [...] »[6]

Les sept ordres du Serpent font pendant aux sept jours de la *Genèse* biblique. Il est intéressant de souligner qu'aux sept ordres du commencement (exposés dans le premier livre de la *Bible*) correspondent les sept ordres de l'ange de l'*Apocalypse* (le dernier livre du Nouveau Testament). Les sept ordres de l'*Apocalypse* symbolisent les sept phases de la *déconstruction* du monde temporel qui va être remplacé par le royaume nouveau : la Jérusalem céleste. La désorganisation eschatologique de l'*Apocalypse* fait place à une réorganisation du monde suivant la nouvelle loi, la loi de la lumière-amour.[7] Les sept premiers ordres sont des ordres de multiplicité dans le temporel et le cycle du temps ; les sept derniers ordres (par sceaux, coupes, trompettes et tonnerres) sont des ordres d'unicité dans l'intemporel de l'éternité. Ils annoncent l'angélomorphose finale. C'est par l'aile de l'ange que l'homme passe du charnel au céleste.

Le nombre sept est donc à la fois nombre de la totalité incarnée et nombre de la totalité androgynique (angélique) qui réunit dans une même réalité le principe de la pensée créatrice et le quaternaire de la manifestation de la création. L'androgyne contient en devenir tout le « ma-

---

6. J. P. Bayard, *La symbolique du feu*, cite le Bharawabja, pp. 67-68.
7. J. Behaeghel, *Apocalypse, une autre Genèse*, p. 25.

nifesté » et l'ange reçoit, en sa légèreté, l'être parfaitement conscient de son éternité.

Remarquons que le nombre sept du commencement va devenir le nombre douze de la nouvelle Cité par la multiplication de ses éléments (3x4=12). Le nombre douze de la perfection de l'outre-monde, symbolisé à la fois par les douze portes de la Jérusalem céleste, les douze apôtres du Christ, les douze signes du Zodiaque... Le douze est le nombre du retournement, de l'inversion du temps. Dans le Tarot, le septière arcane (celui du Triomphateur sur son chariot de lumière) devient le Pendu du douzième arcane, le Pendu qui n'est autre que l'homme retourné, c'est-à-dire de l'homme recréé par la réception de la lumière.

Le nombre sept est aussi celui du mythe osirien et des dieux lunaires, dieux qui s'incarnent et meurent dans la matière pour ressusciter dans leur éternité. Dans ces cas, le septénaire s'exprime, en général, par la moitié du cycle : le nombre quatorze (2x7). Les quatorze morceaux d'Osiris et les quatorze stations de la Passion du Christ en sont les exemples classiques.

Enfin, le dernier aspect du verbe-logos est celui du *Verbe-Fils*, enfant de la Vierge parthénogénétique et dont l'origine est égyptienne dans la figure d'Isis portant Horus dans ses bras. La Vierge est le passage obligé du germe divin à l'enfant humain (le Verbe se fait chair).

En mythologie, Dieu ne peut assumer son humanité que par la médiation de la Vierge, qui en est le miroir. Le Verbe-Fils est le Verbe se reflétant dans et par l'immaculée conception de la Vierge. Marie donne naissance au Christ, le Verbe du salut. Elisabeth donne naissance à

Jean le Baptiste, le précurseur, celui qui annonce la naissance du Sauveur.

Alchimiquement, on pourrait en déduire que le logos créateur est d'abord *Eau* (l'élément de la gestation, de la naissance et de la mort), pour devenir ensuite Feu (l'élément de la transmutation et de la résurrection). Le Feu est l'élément de la connaissance-conscience et surtout de l'amour (l'amour est un feu à transmettre, disait Bachelard).

On peut résumer en disant que le mythe des origines est, avant la création, une théogonie (Dieu se voit en son alter ego, son frère jumeau) qui se transforme, lors de la manifestation du créé, en une cosmogonie pour permettre, précisément, au verbe-vibration-parole du créateur de devenir le logos sauveur (logos-amour) par la *disponibilité* de la Vierge. Le Verbe s'inscrit, par amour, dans la quaternité du temps.

Ce rapide aperçu mythologique nous semblait nécessaire pour introduire l'apprenti-Maçon dans la vision symbolique et montrer que l'initiation est une démarche de connaissance; de connaissance et non de savoir[8].

---

8. P. Dangle, *Le livre de l'Apprenti*, p. 32. « L'initiation apparaît comme une démarche de connaissance. Autrement dit, indépendamment d'un savoir qui est de l'ordre du multiple, existe une voie de connaissance que nous percevons comme une unité. »

Chapitre 4

INITIATION ET ALCHIMIE

L'alchimie a influencé considérablement la plupart des recherches ésotériques depuis deux mille ans et la quête maçonnique n'échappe pas à cette influence. C'est pourquoi il nous semble essentiel que l'Apprenti-Maçon entre dans la vision alchimique afin de pouvoir l'intégrer à sa recherche.

Nous avons parlé de l'initiation dans le premier chapitre de ce livre et nous avons découvert qu'elle présuppose une communauté initiatique et la transmission d'un « secret » par le truchement de symboles exprimés par un rituel.

Même si le processus alchimique est un travail solitaire et ne correspond donc pas à la définition de l'initiation, ce processus est initiatique puisqu'il va permettre au disciple de passer d'un état à un autre par le travail sur les symboles qui vont profondément le transformer. Travail qu'il va réaliser grâce aux outils symboliques qui lui permettront d'associer la transmutation des métaux et la transformation de l'être. Le disciple considère, en effet, que l'Esprit est dans la matière et qu'il lui appartiendra de l'en dégager et, ce faisant, de découvrir sa propre unité spirituelle avec le macrocosme (découvrir son or mystique).

Reconstituer l'unité, tel est le principe et le but de l'alchimiste.

A ce titre, on peut considérer que le logion 22 de l'*Évangile de Thomas* est un texte alchimique (son origine est probablement essénienne ou gnostique) :

> « Lorsque vous ferez le deux Un
> et que vous ferez l'intérieur comme l'extérieur,
> l'extérieur comme l'intérieur,
> le haut comme le bas,
> lorsque vous ferez du masculin et du féminin
> un Unique,
> afin que le masculin ne soit pas un mâle
> et que le féminin ne soit pas une femelle,
> lorsque vous aurez des yeux dans vos yeux,
> une main dans votre main,
> et un pied dans votre pied,
> une icône dans votre icône,
> alors vous entrerez dans le Royaume. »

En fait, il s'agit de faire naître un nouvel homme par son intégration dans l'Un.

L'alchimiste va réaliser cette unité par l'élément Feu, transformateur par excellence. Le Feu est l'élément du *passage*, le passage du mortel vers l'immortel, du visible vers l'invisible, du bas vers le haut. C'est le moyen qu'utilisera l'alchimiste pour transmuter la *prima materia* en Pierre philosophale ou *Lapis* et que l'on pourrait comparer à la pierre taillée (la pierre cubique à pointe) du Maître-Maçon.

Avec la différence que l'alchimiste ne taille pas la pierre, il la brûle pour la faire renaître dans son *athanor*. Les outils de l'alchimiste seront donc en relation directe avec le travail du feu :
1) l'*athanor* ou fourneaux divers (en terre réfractaire ou en fer, platine ou argent),
2) les chalumeaux (en cuivre) et bec Bunsen destinés à la fusion, la réduction ou l'oxydation des métaux,
3) les mortiers en verre solide,
   les cornues pour la distillation,
4) les verres à pied, les tubes en verre, les pinces, les ballons, les mortiers, les capsules, la balance...
5) et enfin les produits chimiques (sulfates et acides), les métaux (fer, cuivre, plomb, zinc, étain, argent, laiton, chlorure d'or) et le sable blanc.

Tout comme les outils du Franc-Maçon ne lui servent pas à construire un temple de briques, de même les outils de l'alchimiste ne lui serviront pas à transformer du plomb en or vulgaire mais bien à entrer dans un processus de transformation.[1]

F. Jollivet Castelot dit ceci :
« L'adepte est une puissance convertible, un lien conscient de la Terre au Ciel (...) L'adepte est celui qui peut, toutes les fois qu'il le désire, maîtriser entièrement son Moi sensible extérieur, pour s'abstraire en Esprit, et plonger dans l'orifice du Moi intelligible interne, dans l'Océan du soi collectif divin (...)
« Si donc tu aspires à devenir un Adepte, évoque le Révélateur qui parle au-dedans de ton être, impose au Moi

---

1. Canseliet E., *Alchimie*, p. 270 : « Combien est-ce à tort que la légende populaire veut que l'alchimie consiste uniquement dans la production artificielle de l'or métallique, quand son but principal est la découverte de la Médecine universelle. »

Fig. 6 : La caverne alchimique.

le plus religieux silence, pour que le soi se puisse faire entendre – et alors plongeant au plus profond de ton Intelligence, écoute parler l'Universel, l'Impersonnel... » (in, Comment on devient alchimiste, pp. 97-98)

Il s'agit donc bien d'un travail symbolique dont la « caverne » de l'alchimiste est l'atelier. En étudiant cette caverne un peu plus en détail, nous allons pouvoir comparer la démarche de l'Adepte et l'initiation maçonnique (fig. 6).

Au centre des 4 éléments et des 12 signes du Zodiaque est illustrée la Montagne Magique dont l'intérieur est la caverne du travail alchimique. Nous remarquons d'emblée l'Adepte à l'avant-plan, cherchant sa voie dans les ténèbres (les yeux bandés) tandis que son guide se prépare à « visiter l'intérieur de la Terre pour y découvrir la Pierre cachée ». Rappelons que le lièvre (ou lapin) est un des symboles de la Matière première (la *prima Materia*) de l'alchimiste.

Ensuite l'Adepte devra gravir les sept marches du « Temple », c'est-à-dire les sept phases de l'œuvre (calcination, sublimation, solution ou dissolution, putréfaction, distillation, coagulation et teinture) avant de pouvoir pénétrer dans l'espace sacré dans lequel il fera le deux Un dans l'*Athanor* de calcination, par le mariage ésotérique du roi et de la reine (en vue de recréer l'Androgyne). Signalons comme autres symboles : le Soleil et la Lune (de part et d'autre de l'*Axis mundi*), l'Aigle de l'élévation, les sept planètes personnifiées par les sept personnages situés à l'extérieur de la Montagne Sacrée : de bas en haut Vénus-Saturne ; Mars-Jupiter, Soleil-Lune et au sommet Mercure (Hermès)-ailé (symbole de la pierre philosophale) tenant dans ses mains l'étoile de l'illumination (l'alchimiste transforme la forme par la lumière) et le caducée de la réunification du deux en Un.

Remarquons que Mercure se tient debout (sur un pied) sur la Fontaine de résurrection (de Jouvence) contenant l'eau ignée de la transmutation. Le nombre et l'ordre des opérations est sans importance. Elles sont toujours fonction de la signification de la symbolique numérique. Quel que soit le choix du *nombre*, ce dernier illustrera un aspect majeur de l'œuvre.

On peut en effet résumer la totalité de la métamorphose alchimique par une seule opération : la Coction ou la Cuisson, puisque c'est le Feu qui désintégrera la *prima Materia* afin d'en extraire l'Esprit (l'enfant nouveau de la mort-résurrection initiatique). Si l'Adepte parle de deux phases par le *solve et coagula*, alors il met l'accent sur la dualité de la matière et du temps. Il devra donc dissoudre (*solve*) la forme cyclique pour la recréer (*coagula*) dans un nouveau temps, ou plutôt dans l'Intemporel. La dualité ici est une dualité de mutation, donc une nouvelle « cristallisation » (dans un corps de transparence et de lumière).

Par contre, la triade alchimique nous fait prendre conscience du mystère tri-unitaire. Créer le Un par le Trois, le Trois étant le nombre divin par excellence (ce nombre transmutateur est souvent illustré en alchimie par le serpent à 3 têtes sortant du calice, symbole de la matrice de la nouvelle naissance). Les 3 phases de l'œuvre illustreront alors le processus fondamental de la Transmutation allant de la *prima Materia* (le Mercure initial) par la *nigredo*, c'est-à-dire l'œuvre au noir qui donnera naissance à l'*albedo* (l'œuvre au blanc symbolisée par le Sel). Et enfin la troisième phase : la *rubedo*, ou œuvre au rouge, symbolisée par le Soufre. Mercure, Sel et Soufre sont les 3 agents de la triade alchimique (une quatrième phase est souvent ajoutée : la *citrinitas*, l'œuvre au jaune, qui se place entre l'œuvre au blanc et l'œuvre au rouge).

Les 4 phases devaient à l'origine constituer les 4 phases de toute transmutation puisqu'elles étaient en relation avec les 4 éléments de la Tradition : terre - eau - feu - air.
1) la Terre de la dissolution ou de la putréfaction = le noir
2) l'Air de l'élévation - sublimation = le blanc
3) l'Eau de la purification - régénération = le vert (ou le jaune)
4) le Feu de la calcination - résurrection = le rouge

Les 5 phases sont principalement utilisées pour illustrer la recherche du centre, au centre de la croix du labyrinthe temporel. Il s'agit de la quinte-essence (le subtil...), le *lapis*, l'or mystique ou le corps glorieux[2].

Les 6 phases illustrées par l'Étoile à 6 branches ou sceau de Salomon constitue la vision parfaite du mariage sacré entre le roi et la reine. C'est la conjonction du triangle Feu et du triangle Eau.

Les 7 phases : sont illustrées par le Maçon par l'escalier à sept marches et associées par l'alchimiste aux sept métaux et aux sept planètes.
Quelquefois l'alchimiste parlera même de douze ou même de vingt et une phases.

---

2. M. L. von Franz, *Les mythes de création*, pp. 268-275.

Les douze phases sont mises en relation avec les douze signes du Zodiaque (cosmogramme universel et très ancien) :

Bélier	calcination
Taureau	congélation (coagulation)
Gémeaux	fixation
Cancer	dissolution
Lion	digestion
Vierge	distillation
Balance	sublimation
Scorpion	séparation
Sagittaire	incinération
Capricorne	fermentation
Verseau	multiplication
Poissons	projection (ou transmutation).

Les vingt et une phases sont souvent comparées aux vingt et un arcanes du Tarot (3x7 arcanes plus le Fou qui est l'Adepte...).

les 3x7 arcanes sont répartis suivant les 3 phases essentielles :
- 7 arcanes de terre ou de désintégration (œuvre au noir),
- 7 arcanes d'air (œuvre au blanc),
- 7 arcanes de feu (œuvre au rouge) ...

Rappelons que 7+3 = 10 = 1 c'est-à-dire le retour à l'unité.

Mais avant d'aller plus avant dans l'analyse et la comparaison du travail de l'Adepte et de l'initié maçon, voyons quelles sont les conditions demandées à l'Adepte pour pouvoir commencer l'œuvre. Il doit d'abord être capable d'imaginer (*imaginatio*). Imaginer, créer l'image, le reflet de son parcours dans le monde intemporel. Imaginer son cosmogramme afin d'inscrire dans le carré long les dimensions intemporelles de son devenir initiatique. Tracer les deux branches de la croix dont l'intersection est le centre, le point de percée de l'*axis mundi* reliant le haut au bas et le Zénith au Nadir. Ensuite il devra pérégriner (*peregrinatio*) dans son cosmogramme, le long des 4 bras de la croix, en se dirigeant vers le centre, en tournant autour de l'axe-centre et en s'élevant vers le pôle-sommet de la Montagne sacrée. Il devra voyager dans le non-temps, entre passé et futur, dans cette infime fente du présent éternel, infime fente, divine matrice de l'homme nouveau.

Et tout en voyageant, il méditera (la *meditatio*) en silence, en contemplant le cosmogramme, image de l'unité retrouvée. Méditer l'indicible, l'incommunicable, méditer en contemplant la lumière de l'étoile.

Enfin l'Adepte devra pouvoir amplifier (*amplificatio*), amplifier sa vision, mettre son cosmogramme en résonance avec l'universel, faire du microcosme le macrocosme, faire de la terre temporelle une Terre céleste.

Imaginer, pérégriner, méditer, amplifier. Telles sont les 4 conditions de l'Œuvre. L'initiation commence par un voyage, l'initiation est un voyage.

Et ce voyage se fait les yeux bandés (et nous retrouvons ici le candidat-maçon), les yeux bandés car, d'une part, il est en recherche, il n'a pas encore vu la lumière, il est dans les ténèbres de sa quête, et d'autre part, il doit se détourner du mirage temporel pour regarder vers l'intérieur, il doit regarder l'intérieur de la tombe de résurrection...

Il devra visiter l'intérieur de la Terre afin de découvrir la pierre (le *lapis*). L'Adepte va pénétrer grâce à l'*imaginatio* dans le domaine intermédiaire d'une réalité subtile, que seul le symbole lui permettra de percevoir. Le symbole que Jung définissait comme n'étant « ni abstrait ni concret, ni rationnel ni irrationnel, ni réel ni irréel. Il est à chaque fois les deux.... »[3] Et c'est alors que l'adepte devra utiliser la méthode de l'alchimiste : l'amplification illimitée, « cette amplification qui convient toujours lorsqu'on a affaire à une expérience obscure, qui est si vaguement ébauchée qu'elle doit être amplifiée et élargie, en étant placée dans un contexte psychologique, afin d'être comprise. »[4]

Fig. 7 : L'ouroboros

Dans la caverne de la Terre, l'adepte va devoir trouver la Pierre, et la Pierre est le *Mercurius* (le Mercurius qui se trouve au début et à la fin de l'Œuvre). Le *Mercurius* est la *prima materia*, la *nigredo* ; il est le dragon, le dragon qui se dévore lui-même et meurt pour ressusciter sous la forme du *Lapis*... « Il est métal et cependant liquide, matière et cependant esprit, froid et cependant ardent, poison et cependant remède. Il est un symbole qui unit tous les opposés. Il est l'être primordial hermaphrodite, qui se divise pour former le couple frère-sœur classique, et qui s'unit lors de la coniunctio pour apparaître à nouveau à la fin sous la forme rayonnante de la lumen novum du lapis »[5] (fig. 7)

Alors imaginons ce voyage...

---

3. C.G. Jung, *Psychologie et alchimie*, pp. 365-366.
4. *Ibid.*, p. 373.
5. *Ibid.*, pp. 378-379.

Je m'imagine seul au fond de la caverne, au plus profond de la matière initiale, indifférenciée, non-personnalisée :
je m'imagine infime devenir parmi les infinités de devenirs, appelé à naître dans l'utérus cosmique
je me *dissous* dans l'être universel symbolisé par la loge
et
je me *purifie* dans l'eau primordiale, fonds baptismaux de tous les commencements ;
je me dissous et me purifie jusqu'à l'anéantissement dans le néant créateur
je suis mort, enterré au creux de la grotte terrestre, je meurs de toutes les morts du temps.

Je brûle ma matière et le feu amplifie ma dissolution et il me purifie.
Et en me purifiant il me fait Pierre (*Lapis*).
Et cette pierre est coupée en deux et je deviens frère et sœur, l'androgyne initial. « La pierre doit être coupée en deux pour en tirer le cœur, car son âme est dans son cœur. »[6]

Je deviens deux et dès cet instant je veux renaître Un mais comment puis-je retrouver mon unité si le temps me sépare de mon autre moi-même qui commence à se vivre dans la fraternité et la soeurité ? Comment puis-je renaître par la *conjonction* du féminin et du masculin, du chaud et du froid ? C'est possible, dit l'alchimiste, car la dualité est le pain et le vin du monde et cette dualité doit devenir quaternité afin de crucifier le serpent temporel pour en extraire la quinte essence. Quaternité symbolisée par les quatre éléments de la corporéité.[7]

---

6. *Ibid.* Jung cite Ostanès, p. 374.
7. Cf. *infra*, chapitre 11 : Le voyage dans le non-temps.

Je suis le serpent « crucifié » et pendant 3 jours je meurs dans les quatre éléments pour reconstruire l'univers ; reconstruire l'univers au centre de la Croix. Et au centre naît l'Anthropos, le premier homme, l'Adam éternel qui, comme le dragon-ouroboros, se dévore, se féconde, se procrée, se tue... et le 3ᵉ jour se ressuscite.

Après cette *separatio*, mort de toutes les morts, je renais, fils unique de la Pierre « car toutes choses proviennent de l'Un.. et l'Un se divise pour donner naissance aux quatre éléments puis se recompose pour donner l'unité ».[8]

Et je sors du tombeau auréolé de la lumière dorée de la sublimation. Je suis Mercure transfiguré, m'élevant hors de la matière comme l'Aigle, ce serpent à plumes qui réunit en lui le principe chthonien du serpent et le principe aérien de l'oiseau. Je suis le cinquième élément, rayonnant au centre de la Croix :

solve et coagula

Je me purifie et j'intègre ; je meurs et je ressuscite par les opérations du processus alchimique de transmutation.
Calcination - Putréfaction - Solution - Distillation - Conjonction - Sublimation - Teinture.

Et ces phases sont symbolisées par l'escalier à vis ou l'échelle à sept échelons, les sept échelons que le maître maçon devra gravir un jour. Les sept marches correspondent à la symbolique si riche du nombre androgynique par excellence rassemblant en lui le quatre terrestre et le trois divin. Le nombre sept illustrant la création du monde dans la totalité régénérée (6+1) ou (5+2) :

---

8. C. G. Jung, *ibid.*, p. 568.

les sept jours de la *Genèse*,
les sept ordres du serpent des Védas,
les sept portes de la descente au tombeau d'Ishtar,
les sept cieux des ordres angéliques.

Le nombre sept est cosmogonique. Les sept marches de l'alchimiste correspondent aux sept phases de la purification-régénération, associées dans la Tradition aux sept planètes et aux sept métaux symboliques.

4 {	Putréfaction	—	Plomb —	Saturne
	Sublimation	—	Etain —	Jupiter
	Solution	—	Fer —	Mars
	Calcination	—	Cuivre —	Venus
3 {	Distillation	—	Mercure —	Mercure
	Coagulation	—	Argent —	Lune
	Teinture	—	Or —	Soleil

Le nombre sept correspond à la réunification androgynique : 4 (Terre) et 3 (Ciel) ou l'étoile à sept branches (3+4), le 3x4 (12) étant le nombre de la Jérusalem céleste.

En conclusion de cette trop rapide incursion dans le labyrinthe alchimique, je citerai un texte de C.G. Jung qui a eu l'énorme mérite de révéler les arcanes de l'alchimie à ses contemporains.

« Car, en dernière analyse, on peut douter que la raison soit l'instrument qui convienne à cette recherche (recherche des processus vitaux). Ce n'est pas en vain que l'alchimie se considère comme un art sentant, à juste titre, qu'elle s'occupe de processus créateurs que l'intellect peut décrire, mais que seule l'expérience vécue peut réellement saisir. »[9]

Nous dirons donc, avec l'alchimiste, « Déchirez vos livres, pour éviter que ne soient déchirés vos cœurs ! »

---

9. C. G. Jung, *Psychologie et alchimie*, p. 608.

Chapitre 5

LES SYMBOLES FONDAMENTAUX ET LE PÔLE

L es symboles fondamentaux correspondent à la manifestation quaternaire, manifestation dans laquelle le Ciel rencontre la Terre.

Ces quatre symboles forment en fait le mandala essentiel dans lequel du *point*-centre-émanation jaillit la *croix* du temporel qui s'épanouit dans le *carré terrestre* pour se conscientiser, à la fin du temps, dans le cercle du *Ciel* (fig. 8).

Cette conscientisation présuppose une élévation, une verticalisation symbolisant la montée de la conscience et dont le pôle est l'image. Le pôle qui n'est en réalité

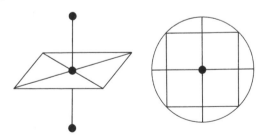

Fig. 8 : Le mandala essentiel.

qu'un centre vertical et dont le point de percée dans le plan « terrestre » se situe à la croisée des bras de la croix, à l'intersection du temps et du non-temps.

*
* *

Les quatre symboles fondamentaux correspondent à la création du monde en formant le cosmogramme initial. Le point-Un se dilate dans la manifestation-quatre par la dynamique des quatre directions cruciformes. La croix suscite le carré et le carré, à la fin du processus temporel, s'inscrira dans le cercle divin symbolisant le retour à l'Un ou l'expir du Dieu. C'est ce processus que nous allons tenter d'expliciter. Ce processus qui conduit du Un au quatre et du quatre au dix, nouvelle forme de l'unité cosmique.

Le point-centre

Le cercle, comme la croix, inclut le symbole du centre. Le centre qui contient tout et dont tout émane. Le centre-point est le grand émanateur, à l'origine de toute création et de toute manifestation. Il est le centre *immobile de la roue du temps* ; le vide-unité à la source de tous les devenirs, le point de rencontre de l'infiniment grand et de l'infiniment petit. Unité dans laquelle fusionnent le Tout et le Rien, informelle initiatrice de toutes les formes, centre sans dimensions, non-temps et non-lieu, invisible rayonnement de toute énergie. C'est en ce point, explique Guénon, « que se concilient et se résolvent toutes les oppositions, qui, à la vérité, ne sont contraires que selon les points de vue extérieurs et particuliers de la connaissance en mode distinctif. »[1] Il s'agit ici de toutes les opposi-

---

1. R. Guénon, *Le symbolisme de la croix*, p. 49.

tions existant dans la dualité du cycle temporel : le haut et le bas, l'ombre et la lumière, le féminin et le masculin, le chaud et le froid, etc.

C'est de ce centre double que jaillit la divine décade qui deviendra le nouveau centre de la Jérusalem céleste. La décade contient la temporalité achevée que nous pouvons décrire sous la forme numérologique suivante : « 4 - 10 - 55 ». Le nombre quatre en expansion (l'expir du Dieu) engendre la décade (1+2+3+4=10) tandis que le nombre sacré de dix, cinquante-cinq, est lui-même l'expansion de dix: 1+2+3+4...+9+10=55.

Et cinquante-cinq en réduction théosophique nous rend l'unité : 5+5=10. Dix symbolise donc en un même point-centre l'expir et l'inspir du Dieu, le solve et *coagula* alchimique.

Autrement dit, comme le soulignent Chevalier et Gheerbrant, « le centre est le foyer d'où part le mouvement de l'un vers le multiple, de l'intérieur vers l'extérieur, du non-manifesté au manifesté, de l'éternel au temporel, tous les processus d'émanation et de divergence, et où se rejoignent, comme en leur principe, tous les processus de retour et de convergence dans leur recherche de l'unité. »[2]

Le centre, à la *croisée* des bras de la croix, est le passage sans dimension de l'axe du monde, le passage du non-être vers l'être, du moi vers le Soi. Il est porte étroite entre temps et éternité. Entre passé et futur, il est la fente, le point de l'intemporel présent, échappant à l'homme, prisonnier du conditionnement de la matière. Et c'est

---

2. J. Chevalier et A. Gheerbrant, *Dictionnaire des symboles*, p. 148.

dans cette matière que l'homme devra se *crucifier* pour pouvoir précisément retrouver son centre. C'est du centre qu'émane la croix et c'est par le centre de la croix que l'homme découvrira sa lumière.

La croix

La croix est matérialisation du centre et donc premier rayonnement du principe créateur, rayonnement qui est la fondation, la manifestation, du céleste dans le terrestre. C'est par les quatre directions de la croix que l'homme va se situer dans l'espace temporel, c'est en s'écartelant sur les quatre bras de la croix que l'homme va prendre conscience de son devenir spirituel. La croix est le labyrinthe fondamental, le mandala essentiel, l'itinéraire de la pérégrination de l'initié.

La croix préexistait au christianisme, et depuis le message christique, elle évoque non seulement l'incarnation du divin dans l'humain mais aussi toutes les nuances de l'illumination de la matière. À ce titre, ce grand symbole est le signe par excellence de l'arbre de vie. Arbre de vie que les Égyptiens symbolisaient déjà dans la croix Ankh (la croix réunissant le cercle-ciel et la croix-terre) et les Hindous dans la croix-swastika, associée à Ganesha, la divinité de la connaissance. Le swastika est en réalité la croix en mouvement, en rotation autour de l'axe du monde. Elle se multiplie par elle-même dans son mouvement giratoire vers le cercle-centre afin d'épuiser le temps (4x4). Le nombre seize est en effet le nombre du développement total de la réalité temporelle exprimé, dans le Tarot, par la Maison Dieu, la Maison divinisée par l'éclair divin... (fig. 3)

Comme arbre de vie, la croix est donc centre de connaissance et de sortie du temps. Sortie du temps dont les quatre Vivants, à l'extrémité de chaque bras, sont les grands symboles, puisqu'ils figurent les quatre éléments personnalisés et sublimés, sublimés par leurs ailes.[3]

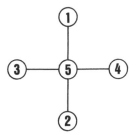

Fig. 9 : La croix et le nombre cinq.

Cette réalité dote la croix non pas du nombre quatre mais bien du nombre cinq (fig. 9). Cinq étant le nombre du centre de la croix, centre-cinq du monde en neuf chinois mais aussi de la rose à cinq pétales au centre de la croix rosicrucienne. Le cinq devient ainsi le nombre de la verticalisation et de la conscientisation de l'homme. C'est donc par son centre cinq que la croix relie le ciel et la terre et devient carré et cercle ensuite, les formes géométriques de la terre et du ciel.

Le carré

C'est l'homme inscrit dans le carré et dans le cercle de l'alchimiste Agrippa qui exprime le mieux la portée symbolique et mystique de ces deux grands symboles (carré-cercle) réunis par la crucifixion de l'être en devenir.

---

3. Les quatre Vivants sont le lion ailé, le taureau ailé, l'aigle et l'ange ; on pourrait les qualifier de quatre Ailés...

L'homme, en devenant l'axe du monde, réunit en effet la terre au ciel et, bien mieux, il corporifie le ciel et fait de la terre une terre céleste.

Le carré est le symbole de la terre mais, grâce à l'homme *conscient*, d'une terre *dirigée*, axée, d'une terre dont chaque parcelle deviendra une parcelle de lumière. Le carré sera donc la forme de la transmutation, l'*athanor* de l'initié en voie de transfiguration. Transfiguration qui aboutira, qui se terminera, dans le cercle de la totalité céleste. On comprend bien, par ce mandala initial, l'extraordinaire importance du quatre et du carré dont les quatre directions, les quatre portes, les quatre éléments, n'existent que pour *attacher* l'homme à la spirale de la vie, de la vie intemporelle et donc éternelle. Le carré est le passage obligé vers le cercle de la totalité transcendant le temps et l'espace, mais le passage est *crucifiant*. Et c'est ce que Gilgamesh ne voulait pas accepter au début de sa quête. Il refusait de passer par la mort pour découvrir la partie immortelle de lui-même. Seule la *mort acceptée* nous fait prendre conscience de l'autre côté du miroir, et c'est tout le travail et l'unique raison d'être de l'initiation. Nous apprendre à mourir à notre corporéité. S'initier c'est mourir au temps pour nous éveiller à l'outre-monde. Mourir dans le carré-tombeau pour ressusciter dans le cercle infini de l'angélité. C'est mourir à nos limites en devenant Septentrion, Midi, Occident et Orient, en rassemblant tous les Orients dans le seul Orient de lumière, l'Orient de l'étoile, cet Orient que le compagnon expérimentera avec une force toute particulière. Cette étoile qui est le centre du carré, le pôle de l'axe du monde.

Le carré nous fait comprendre que notre pôle est en bas, il est au nadir et non pas au zénith. Et c'est bien pourquoi nous devons retourner notre vision si nous voulons découvrir le sens de notre pérégrination[4], nous y reviendrons ultérieurement. Notre quête est difficile parce qu'elle se situe précisément entre deux mondes, le visible et l'invisible ; le visible est charmeur, trompeur même, mais c'est l'invisible qui est le seul réel.

On peut dire alors que le carré est la forme de notre mirage. Le carré est la forme intermédiaire de notre rêve de beauté et d'unicité. Rappelons que les Pythagoriciens recréaient l'unité du quaternaire par le triangle de la divine Tetraktys. Le quatre triangulaire initie le dix circulaire (1+2+3+4=10) ; dix étant l'unité reconstituée.

Le cercle

Si le point était le centre-émanateur, le cercle, lui, sera le centre réunificateur, le centre de la manifestation illuminée. Le cercle est la limite temporelle du centre, il est l'infini du visible, bien que ces deux notions soient incompatibles ; ce qui est infini ne peut être visible... On pourrait donc mieux dire en présentant le cercle comme la limite ultime entre visible et invisible, sans perdre de vue qu'il est un centre, un centre en expansion. Et ceci nous fait bien comprendre le contenu exceptionnel du mandala fondamental (fig. 8) : le centre, ce point sans dimension contenant la multiplicité en devenir, se manifeste par les quatre rayons de la croix pour s'épanouir dans le carré du temps et mourir en se conscientisant dans le cercle de l'outre-temps.

Le cercle est donc une mort et une résurrection et c'est, par conséquent, normal qu'il soit un symbole du ciel ;

---

4. Comme le Pendu du Tarot, nous devons nous suspendre par les pieds à l'arbre de vie.

dont on peut dire que la roue en est l'amplification. Chaque rayon de la roue, quel qu'en soit le nombre, représente une des manifestations du centre-émanateur. Retenons parmi bien d'autres possibles la roue à six rayons qui n'est autre que le chrisme chrétien, symbole du Christ incarné dans sa création et dont Abellio a fait la structure absolue (fig. 10). Dans ce cas, les six rayons émanent du centre d'une sphère, la sphère n'étant que le volume engendré par le cercle en rotation autour d'un de ses diamètres. La sphère étant ici la vision en volume de notre mandala essentiel. On pourrait, dans cet ordre d'idées, dire que la croix horizontale, la croix temporelle, devient, par l'action de l'Esprit, croix verticale de notre intemporalité, de notre éternité. Notre devenir de connaissance-conscience se situe à la frontière entre croix horizontale et croix verticale. Notre devenir est à la limite de ces deux croix.

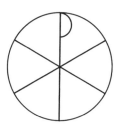

Fig. 10 : Le chrisme.

Ceci correspond étonnamment bien au verset 10 de Job 26 : « Dieu a tracé un cercle à la surface des eaux, comme limite entre lumière et ténèbres ». Les deux croix se trouvent en effet entre ténèbres (les ténèbres de notre quête) et lumière (la lumière de notre initiation).

Et toujours dans la même optique, on peut envisager le cercle soit comme *le cercle et les deux parallèles* des deux solstices[5] associés aux deux St Jean de notre cycle annuel, soit comme ouroboros de notre mort-résurrection, puisque le serpent mange son corps pour faire naître son esprit (sa tête).

---

5. Aux deux solstices correspondent les deux équinoxes, c'est-à-dire la succession cyclique des morts et des résurrections de la terre...

En tout état de cause, il est essentiel de toujours garder présent à l'esprit que ces quatre symboles fondamentaux, cinq si on y ajoute le pôle, sont indissociables et représentent les métamorphoses successives de l'esprit en imprégnation dans la matière. Le centre s'épanouit, par la croix, dans le carré et dans le cercle, pour rendre évidente la verticalité du pôle. On pourrait donc dire que le centre-émanateur monte en spirale vers le pôle en suscitant successivement l'écartèlement de la croix, la temporalité du carré et l'infinitude du cercle. La spirale est le trajet vers le pôle.

Le pôle

Rappelons tout d'abord que le pôle rassemble en une même réalité les trois aspects, les trois phases, de la manifestation : le Nadir, le nombre cinq et le Zénith. Autrement dit, le Nadir est le point émanateur dont émanent tous les possibles. Ce point se visualise dans le plan terrestre par le cinq, représentant l'intersection des deux bras de la croix. Le Zénith enfin est le point de réunification de cet axe, dont la direction est ascendante du Nadir au Zénith. (fig. 11). Et comme ce qui est en haut est comme ce qui est en bas, on peut dire que ces trois points coïncident pour former le pôle, « ce lieu par excellence, l'unique point qui demeure fixe et invariable dans toutes les révolutions du monde »[6].

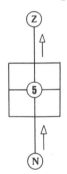

Fig. 11 : Le Zénith, pôle de l'axis mundi

Le lieu dont parle Guénon est évidemment symbolique mais sa définition est essentielle car le pôle est *invariable*

---

6. R. Guénon, *Symboles fondamentaux de la science sacrée*, p. 132.

et son invariabilité en fait l'axe directionnel de notre révolution spirituelle. Révolution que l'on peut associer à une pérégrination dans le temporel, et c'est pourquoi le pôle ne peut exister sans son axe, et cet axe le relie à l'arbre de vie, que l'on peut indifféremment symboliser par le caducée, le Yin-Yang, l'arbre des Séphiroth, la pyramide, l'étoile polaire ou encore par la pierre cubique à pointe surmontée de la hache.[7]

Le caducée a l'avantage de suggérer le double mouvement du Principe créateur descendant dans sa création et de l'être conscientisé remontant à sa source d'Emanation. Ce courant double ou double désir de la pulsion créatrice – la descente de l'esprit dans la matière et sa remontée dans le centre-émanateur – est la conséquence fondamentale de la dualité du temps (fig. 12).

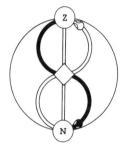

Fig. 12 : Le caducée.

Si nous considérons que le caducée est l'instrument d'Hermès permettant de passer du visible à l'invisible, nous pouvons en effet l'associer à l'axe du monde et à ses deux pôles. Les deux pôles que nous redécouvrons aussi dans l'arbre des Séphiroth, présentés sous la forme d'un caducée. Sur l'axe central de cet arbre sont disposés les cinq Séphiroth fondamentales : Kether (la lumière de l'Émanation), Daat (la Séphiroth invisible de la conscience absolue), Tepheret (la Beauté), Yesod (la Fondation) et Malkout (le Royaume). C'est la Beauté de l'Esprit incarné au centre du temps qui permet la montée de la conscience. C'est en elle que la force et la sagesse divines se réfléchiront pour illuminer le créé. Ce que

---

7. Ce symbole figure sur certains tableaux de loge.

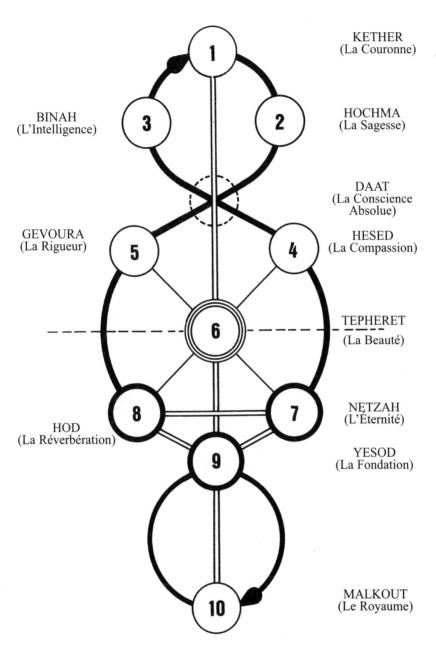

Fig. 13 : Le caducée et l'arbre des Sephiroth.

l'arbre des Séphiroth nous montre clairement au travers de son axe central. C'est que le royaume est terrestre (fig. 13). C'est en ce monde de rencontre entre la matière et l'Esprit que se révélera la suprême alchimie : la fondation de l'éternelle réalité. Et voilà toute la signification du Pendu du Tarot, qui, la tête dans la terre et les jambes suspendues dans les hauteurs de l'arbre, nous indique le sens du retournement. C'est dans la terre que l'homme se fait, se tue et ressuscite ; c'est dans la terre qu'il découvre le centre (Nadir) de lui-même et c'est dans ce royaume de dualité qu'il trouvera son unité par la tri-unité de Netzah - Hod - Yesod (Éternité - Réverbération - Fondation) qui n'est que le reflet de la tri-unité des commencements : Kether - Hochma - Binah (Couronne - Sagesse - Compréhension). La Réverbération de Hod transmet l'éternité de Netzah dans la Fondation (Yesod) du nouveau royaume (Malkout). Pour bien signifier ce retournement nécessaire de l'arbre, R. Fludd, l'alchimiste du XVIIe siècle, l'a représenté à l'envers (fig. 14).

Le pôle (Nadir) est donc bien le lieu dont parle Guénon, ce lieu par excellence, ce lieu d'où tout émane et dans lequel tout se retrouve, réunifié, régénéré.

Entendons-nous bien, ce pôle Nadir, pôle-dans-les-ténèbres, devra tôt ou tard rejoindre, en se personnalisant en lui, le pôle Zénith, au sommet de l'axe, dans ce lieu hors du temps, qui n'est que le pôle invisible du soi humain. Ce pôle invisible est l'œil du Dieu, l'œil-qui-voit-tout et qui contient tout. L'œil solaire par opposition à l'œil lunaire, pour prendre une comparaison astrale. Cet œil n'est d'ailleurs qu'une expression du troisième œil de Vishnou ou du troisième visage de Janus. Et ce troisième œil est en nous. L'œil-zénith est la source de l'Éclair-Emanation, générateur de la vie et de la lumière et dont la manifestation se « coagulera » en Malkout: l'œil-nadir.

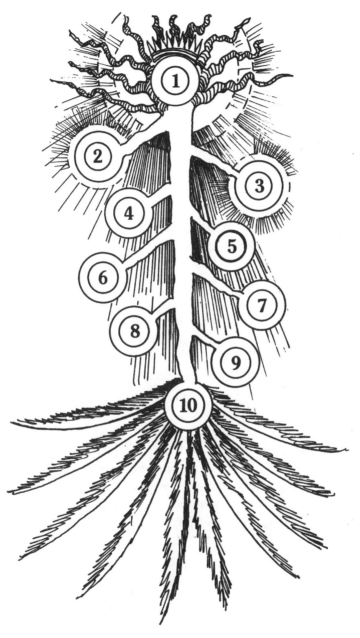

Fig. 14 : L'arbre de Sephiroth selon R. Fludd.

Ceci est parfaitement exprimé par Z'Ev Ben Shimon Halevi dans son livre sur l'Arbre de vie[8] qui nous montre l'éclair étincelant embrasant successivement toutes les Séphiroth jusqu'à Malkout - le Royaume (fig. 13).

Mais c'est probablement la pierre cubique à pointe qui illustre le mieux cette verticalisation de l'être qui doit se réaliser de Malkout, le Royaume de la corporéité, à Kether, la couronne de la lumière éternelle. Cette pierre, chef-d'œuvre du Compagnon, relie dans une même entité le carré, le triangle et le pôle.

Si tout émane du Zénith pour créer le trinitaire qui engendrera lui-même le quaternaire, tout doit y retourner pour réunir à jamais le bas et le haut, le nadir et le zénith.

La matérialité (corporéité) doit sortir du mirage de la forme pour retourner dans le pôle de son intégrité première, intégrité qui « devient » dans le temps et qui « s'extasie » dans le pôle du non-temps. Et c'est pourquoi le carré, plan du temple terrestre, doit se « trinitariser » dans le principe créateur pour se sublimer dans le pôle.

La réunion du carré et du triangle n'est autre que la résurrection de l'androgyne, divinisation ou angélomorphose de l'être totalement conscient dans l'unité rayonnante (flamboyante) du sommet-centre-pôle (symbolisée par le nombre sept).

La représentation de la pierre cubique à pointe surmontée de la hache est donc bien une très belle analogie du pôle et de son *trajet verticalisant*. La hache est l'éclair

---

8. Z'Ev Ben Shimon Halevi, *L'arbre de vie*, pp. 37-38.

et la foudre, elle est pierre de foudre, éclair étincelant de la pénétration du divin dans l'humain, du triangle dans le carré. Elle permet « l'ouverture du centre, du coffret, du secret, du ciel, c'est-à-dire qu'elle peut être considérée comme l'acte suprême de l'initiation, de la prise de conscience, qui se confond avec l'illumination. »[9]

Le pôle est bien le but ultime du voyage.

---

[9]. J. Chevalier et A. Gheerbrant, *Dictionnaire des symboles*, p. 391. Chez les Dogons, la foudre est une hache que le dieu des eaux et de la fécondité lance du ciel sur la terre.

Chapitre 6

LE CIEL ET LES SYMBOLES CÉLESTES

Pour compléter notre méditation sur les grands symboles fondamentaux et principalement sur l'axe du monde (le pôle), il nous semble intéressant de réfléchir quelques instants sur les trois grands symboles célestes, présents non seulement en Maçonnerie mais aussi dans d'autres traditions (Sumer, Égypte, Mithriacisme...) : le Soleil, la Lune et l'Étoile.

Sans vouloir épuiser le sujet[1], il est au moins nécessaire d'établir la relation entre ces trois astres et le pôle, ou si l'on préfère entre l'initié et sa marche à l'étoile. Nous y reviendrons...

Le ciel est dans la Tradition mythique (*in illo tempore*) un des deux espaces cosmogoniques. Il est le *haut* par opposition au *bas*, identifié à la terre. Le démiurge, par son verbe créateur, se manifeste dans la matière originelle (dans la manifestation) en séparant les eaux pri-

---

1. Cf. J. Chevalier et A. Gheerbrant, *Dictionnaire des symboles*, J. Behaeghel, *Les grands symboles de l'humanité* et M. Éliade, *Traité d'histoire des religions*.

mordiales en eaux supérieures, le ciel, et en eaux inférieures, la terre (*Genèse*, Tiamat, Phanès...). Ce qui veut dire, et il est important de le souligner, que le Ciel et la Terre sont de même nature et que leur unité de substance appellera, à la fin du cycle temporel, leur réunification intemporelle. Cette première « séparation-création » va d'emblée créer les deux espaces cosmogoniques qui deviendront, dans la plupart des traditions, les deux domaines, apparemment inconciliables, du Ciel, domaine des dieux et des saints, et de la Terre, domaine de l'humanité, des hommes et des héros. La dualité du temps est née et elle sera en fait la condition même de la manifestation. La pesanteur terrestre face à la légèreté céleste, l'ombre opposée à la lumière, la nuit au jour... La dualité est née de cette opposition fondamentale et cependant complémentaire. L'ombre ne peut exister sans une source de lumière, la nuit révèle le jour naissant et le jour finissant appelle la nuit. Bref, le ciel devient, dans cette perspective, le royaume cosmique, le royaume céleste, la voûte étoilée, et surtout le modèle, l'image de la terre. Ce sont en effet les grands luminaires de la voûte étoilée qui vont « diriger », qui vont susciter les cycles de la vie terrestre, la vie et la mort du cycle temporel, du cycle de l'*éternel retour*.

L'homme des grandes civilisations du passé a scruté le ciel pour y découvrir le programme, le contenu de son devenir. Il a interrogé les étoiles, convaincu qu'elles pourraient lui révéler les signes et les péripéties de son destin. L'astrologie a de tous temps été la science des sciences, la préférée des grands-prêtres et des rois, qui voulaient asseoir leur puissance dans les circonvolutions mystérieuses de la voie lactée. Plus tard ils seront suivis par les « éveilleurs » et les grands initiateurs, les « cherchants ». Les étoiles, alors, deviendront les échelons de l'échelle qui reliera l'être de matière à son devenir de lumière...

Les grands luminaires vont créer le temps et vont symboliser, dans beaucoup de mythologies, la séparation de l'homme primordial, androgyne, d'avec son « Jardin d'inconscience ». Ils vont éclairer sa naissance terrestre, être les spectateurs indifférents de sa chute dans la corporéité, cette chute qui marquera à jamais sa mémoire des origines. La nuit recouvrira le monde de son épaisse ténèbre, obligeant l'homme à chercher à tâtons son chemin dans le labyrinthe de son devenir. Seuls les luminaires de la voûte céleste éclaireront d'une faible lueur sa quête d'éternité. Quête dans le labyrinthe creusé dans la pierre, par le grand initiateur, par *celui* qui a tracé le plan, dont nous ne connaissons, à la naissance, pratiquement rien, sinon le paysage flou d'un monde oublié.

C'est dans cette grande nuit que les luminaires vont devenir de grands symboles. La naissance quotidienne du Soleil, la mort mensuelle de la Lune et l'inaltérable présence de l'Étoile, au pôle de l'axe, vont susciter les images du mythe.

Le soleil, l'astre de feu et de lumière, maître incontesté de la vie terrestre et de toutes les manifestations du vivant, le soleil va imprimer son empreinte indélébile dans toutes les cosmogonies solaires : l'Égypte et Râ avalé chaque soir par le ciel féminin, Nout, et renaissant chaque matin dans son sexe de feu; le grand Mardouk sumérien qui crée la dualité en coupant Tiamat en deux pour en faire le Ciel et la Terre, pour en faire le feu et l'eau ; Mithra et la mort quotidienne du Taureau afin que vive le jour et germe le blé, afin que le Scorpion régénère la Terre en lui insufflant le sperme du Taureau. Et que dire du soleil des Amérindiens réunissant dans son étreinte, chaque jour renouvelée, le Serpent de la terre à l'aigle des hauteurs pour que vive le serpent à plumes. Le soleil brille et vivifie la terre en engendrant ses fruits et tue la terre en la desséchant de son souffle chaud... Le soleil double d'un monde écartelé entre les tensions binaires et opposées de sa matérialité chaotique et entropique.[2] Le désordre crée la béance dans un espace en déconstruction permanente. Et le soleil brille, et le jour passe, et le temps s'écoule, fleuve merveilleux et horrible à la fois, entre les deux berges de l'éternité.

Et l'Étoile brille, inaltérable, au sommet-centre-pôle ; elle brille pour rappeler à l'initié son chemin stellaire, son chemin vers la lumière, sur la route *lactée* de la voie symbolique.

Cette route qui est notre ciel; ce ciel qui est devenu, au fil de l'éveil de la conscience, le ciel symbolique et mystique de la *transfiguration*, le ciel des élus, des bienheureux et des êtres ailés. Le ciel de l'au-delà de la mort, l'autre rivage de la vie, le ciel des nouveaux vivants... Il suffit de trois pas pour l'atteindre ; comme Pharaon qui en trois pas rejoint son *étoile* éternelle. Les trois pas de Pharaon nous dévoilent le sens de la marche à l'étoile, le sens du voyage de l'initié. Ce voyage tellement essentiel qu'il est devenu l'archétype de tous les voyages vers l'infini de notre destinée, le voyage de tout initié véritable.

Pharaon, à la sortie du visible, éphémère moment du cycle du temps, fait trois pas vers son devenir lumineux dans cette zone que nous ne pouvons ni voir, ni deviner ; cette zone invisible de la conscience pure que la Maat égyptienne personnifiait par la plume de légèreté. Pharaon va vers la légèreté, en faisant trois pas . Trois pas qui nous font évidemment penser aux trois pas de l'Ap-

---

2. J. Behaeghel, *Les grands symboles de l'humanité*, pp. 25-27.

prenti-Maçon, à la différence cependant que les trois pas de Pharaon se situent à un autre niveau de conscience que ceux de l'Apprenti Maçon. Ce dernier fait les trois pas du commencement de sa quête, les trois pas de son initiation, alors que Pharaon, lui, fait trois pas dans l'intemporel, à la sortie du temps, au début de sa *vie céleste*. Il s'agit pour Pharaon d'entreprendre sa vie dans l'au-delà par une triple navigation, un triple voyage dans la Terre (Lune), le Soleil et l'Étoile (fig. 15). Un voyage à la verticale du tombeau terrestre. Pharaon fait son premier pas en regardant pour la dernière fois son reflet humain dans le miroir lunaire, ce lieu, siège de toutes les morts et de toutes les résurrections. Ce lieu qui fut sa matrice terrestre et qui sera celui de sa renaissance céleste. Il fait pour la première fois le pas de la Terre-Miroir-du-ciel. Pour la dernière fois il va se mirer dans les eaux du dessous, les eaux du temps qui coule et qui nous révèle à nous-mêmes. Les eaux de la prise de conscience.

Son deuxième pas est celui du soleil, qui devient ainsi le *lieu du passage*. Le passage de l'éphémère de la création accidentelle, phénoménale et visible, vers celle de l'éternité de la lumière intemporelle. Lumière que symbolise l'étoile fixe du troisième pas de Pharaon, le pas de l'Étoile, l'astre du sommet-centre, du pôle de l'*axis mundi* et dont l'étoile polaire est généralement le symbole. Le sommet de l'axe du monde est le Zénith cosmique, le Nord de la quête initiatique.

Retenons donc que les trois pas associés aux trois luminaires célestes sont les pas « verticalisants » de notre devenir initiatique; les pas vers le Nord de l'étoile ou vers l'Orient de la lumière ; dans la direction de notre centre de conscience. C'est dans cette vision que la Lune, le Soleil et l'Étoile se superposent le long d'un même axe

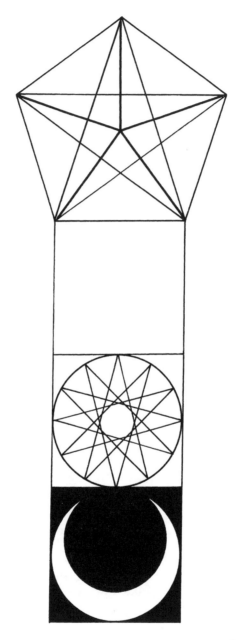

Fig. 15 : Les trois pas de Pharaon (Terre, Soleil, Étoile).

reliant la Terre au Ciel, dans un même mouvement de régénération et de *résurrection* définitive. La Lune engendre le Soleil qui, lui-même, transmute sa lumière en lumière stellaire, la lumière du Soleil-de-la-terre devient la lumière de l'étoile-du-ciel.

C'est l'union, le mariage alchimique du Soleil et de la Lune, fondamentale hiérogamie dont l'enfant, le Verbe-Fils, est l'Étoile: l'intemporelle lumière de la quintessence étoilée. Et l'étoile-enfant est l'Homme nouveau, le nouvel Adam, l'Homme divinisé, l'Homme illuminé.

La Lune, le Soleil et leur enfant l'Étoile recréent leur *unité* dans la trinité-une. Et cette trinité-une est un des grands symboles du pôle. L'Étoile, en langage symbolique, ne peut être que polaire (fig. 16).

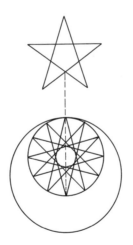

Fig. 16 : L'étoile polaire.

Chapitre 7

LE NOMBRE SYMBOLIQUE
(DU DEUX AU QUATRE)

Dans les chapitres précédents, nous avons fait une très brève incursion dans la symbolique du nombre. Le nombre-symbole a probablement précédé le symbole du verbe et de l'image.[1]

Dans les mythes fondateurs, nous avons vu soit que le Un se divise en deux pour créer la tension vitale, soit qu'il se dissout dans le temporel pour imprégner la matière créée de son esprit. C'est le cas entre autres d'Osiris qui devient successivement l'eau du Nil, la terre d'Égypte et l'arbre-colonne du palais de Byblos. C'est aussi la panspermie du dieu égyptien Atoum qui, par sa masturbation initiale, projette la création dans le temps. C'est enfin le sexe d'Ouranos, émasculé par son fils Kronos, qui devient, jeté dans l'eau matricielle de l'océan primordial, la vierge Aphrodite, la déesse de beauté, la femme-née-des-vagues.

---

1. *Le livre de l'Apprenti*, Paris : « Pour rendre les symboles éloquents, il faut avoir ouvert le sanctuaire des vérités abstraites, grâce à la clef que nous fournit l'étude des propriétés intrinsèques des Nombres... »

En terme de séparation-coupure, c'est la séparation du couple premier (Geb-Nout) pour créer l'espace de la manifestation (Tefnout-Shou). C'est l'œuf cosmique dont la partie supérieure devient le ciel de lumière et la partie inférieure la terre de ténèbres. Ses deux moitiés sont séparées par Phanès, le dieu manifesté.

Rappelons aussi que tous les mythes du déluge sont associés à l'œuf cosmique : de l'arche de Gilgamesh à celle de Noé.

Le Nombre permet, par division, de séparer le Un de lui-même pour créer le deux, le diabolos de la tradition judéo-chrétienne, le haut du bas, le ciel de la terre. L'androgyne premier devient les jumeaux de toute une série de cosmogonies. Un créant le deux engendre par son regard premier et *extérieur, le trois* (1+2). L'œil du Dieu se voit dans la dualité du temps.

Le Nombre est le symbole créateur[2] qui, par multiplication et addition, assurera la croissance et l'expansion du manifesté. Le deux deviendra ainsi quatre (2+2 ou 2x2), le nombre de la quaternité ou du carré terre.

On peut aussi parler de la multiplication du nombre par effet de miroir. Le un se regarde et devient le deux (1-1) par son reflet. Le trois devient six... Le nombre peut, par tension centripète ou centrifuge, se centrer ou se disperser. Le un devient le trois par la tension qui l'unit au deux. Le quatre devient un dans le cinq au centre de la croix ou dans le triangle de la Tetraktys pythagoricienne.

Le nombre peut enfin, par amplification et réduction, changer de nature, faire faire à la matière des sauts

---

2. J. Behaeghel, *Le nombre créateur, pp. 10-12.*

créatifs, nécessaires à sa conscientisation. Le zéro est l'élément amplificateur par excellence, le un devient, grâce à lui, le dix de la nouvelle unité cosmique, de la fin du processus évolutif ou créateur. Le quatre peut s'amplifier dans le dix par l'addition de ses composantes : 1+2+3+4=10. Cette amplification est précisément la divine Tetraktys pythagoricienne.

Quant à la réduction d'un nombre, elle le réduira à l'unité, l'unité de sa plus simple expression, en nous en faisant découvrir la quintessence. Cette réduction est dite théosophique. Le nombre quinze dont nous avons déjà parlé n'est autre, par réduction théosophique, que le nombre six du sénaire créateur, le nombre de la structure absolue d'Abellio (1+5=6)[3].

Je pense que ces quelques considérations devraient suffire pour nous permettre d'aborder le nombre comme symbole.

Du zéro à l'unité

On peut dire, si nous considérons la suite des dix premiers nombres, que le zéro les précède tous et les contient tous. Le zéro est le centre d'émanation contenant tous les possibles. Il sera, à la fin du temps, le centre d'union, ou mieux, le centre de réunion de tout le créé spiritualisé, conscientisé. C'est le point oméga de Teilhard de Chardin, l'oméga est aussi un cercle qui se referme.

Quant à l'unité, elle représente le démiurge, le grand penseur (le Grand Architecte) désireux de se voir en se

---

3. R. Abellio, *La structure absolue*.

donnant dans sa création. Le un ne peut prendre conscience de lui-même que dans l'autre. Il doit créer pour se continuer et s'immortaliser... et créer c'est aimer.

Voilà, plus ou moins bien exprimé, le mystère des mystères, le mystère de la cause première. Et ceci nous renvoie à tous les mythes de l'androgyne. L'androgyne qui est l'unité à l'état pur et qui va devoir se diviser, se désunir de lui-même pour initier la création. Et c'est dans cette séparation première que Tiamat, le dragon-poisson sumérien, sera coupé en deux pour former le Ciel et la Terre ; c'est de cette façon que naîtront Osiris et Isis, Seth et Nephthys, Adam et Ève, et tous les couples des commencements.

Le zéro contient le un qui devient deux par séparation et cette séparation initiale crée le temps, le rythme du jour et de la nuit, du masculin et du féminin... le rythme de la vie et de la mort.

L'unité est donc le phallus du dieu, le phallus d'Ouranos, d'Osiris, d'Attis, le phallus de tous les dieux qui ont accepté l'émasculation pour créer l'autre. Et le phallus du dieu est devenu le serpent de beaucoup de cosmogonies. Le serpent qui vole la plante d'immortalité à Gilgamesh (car Gilgamesh n'a pas compris que le passage vers la vie immortelle passe obligatoirement par la mort), le serpent de l'Eden, celui du jardin des Hespérides, le serpent à sept têtes (Ananta) de Vishnou, le serpent Apophis de Rê... Le phallus du dieu un est devenu l'arbre sacré, l'arbre de la connaissance-conscience, l'arbre dont les fruits sont les pommes d'or de l'éternité. L'unité se dresse vers le ciel; elle éjacule sa substance afin que la multiplicité soit et que le Verbe-Fils puisse naître un jour, dans la matrice de la vierge-mère, la grotte, à l'intérieur de la montagne sacrée.

Le deux devient quatre

Osiris est tué par Seth, son frère de feu. Caïn, le cultivateur, tue Abel, le nomade. Un des jumeaux doit mourir pour que naisse le Fils-résurrection. Mais en fait Seth et Osiris représentent les deux pulsions de la vie temporelle. Le deux par addition ou multiplication doit devenir quatre. Le deux doit prendre possession de la Terre, la Terre carrée de notre temporalité, la Terre carrée des quatre directions, des quatre Vents, des quatre Vivants, des quatre éléments, des quatre bras de la croix qui seront un jour les quatre côtés de la pyramide, les quatre portes du temple.

Le deux doit devenir quatre car le fils ne peut naître que dans le quatre. Le quatre est le ventre de la vierge qui reçoit en son sein l'esprit saint émanant du Père et du Fils. Le quatre ressuscite l'unité du Fils, et c'est ce qu'avaient très bien compris les Pythagoriciens qui refaisaient l'unité du monde par la divine Tetraktys. L'unité cosmique qui n'est autre que la somme du deux, du trois et du quatre ; la décade universelle. Le quaternaire est le centre, le quaternaire est la source.

C'est au centre de la croix que naît l'homme nouveau, l'homme cinq. C'est au centre de la croix que l'œuvre alchimique trouve son apothéose. C'est à cet endroit que les quatre éléments se verticalisent et deviennent lumière.

On peut donc dire que le quatre, dont l'origine est le deux, fait partie de la chaîne de la mutation du terrestre au céleste. Le quatre contient la lumière en son centre, le quatre multiplié par deux donnera naissance au huit, le trône de Dieu. Le quatre multiplié par trois créera la Jérusalem céleste aux douze portes et aux vingt-quatre vieillards...

Le quatre multiplié par trois créera les douze signes du Zodiaque, les douze repères célestes de notre pérégrination terrestre.

Ceci étant posé, penchons-nous un instant sur la dualité-quaternité de la loge. La double lumière des deux colonnes (la lumière de la nuit lunaire et celle du jour solaire), réverbérée dans le pavement mosaïque par l'alternance des carrés noirs et des carrés blancs, va conduire l'initié vers le *carré long*, dont la diagonale est √5, c'est-à-dire le nombre irrationnel de notre devenir (le nombre d'or de l'étoile).[4] C'est au centre de ce carré long (expression de la quaternité maçonnique) que l'Apprenti Maçon découvrira son centre (fig. 17), au milieu du Khi de lumière.[5]

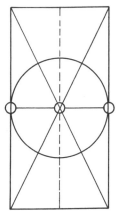

Fig. 17 : Base de tableau de loge (les diagonales formant le khi).

Mais la dualité maçonnique apparaît avec le plus de force dans la dualité complémentaire des couples d'outils. Outils dont le couple fondamental est représenté par l'équerre et le compas qui symbolisent respectivement la terre et le ciel. Nous étudierons ces couples d'outils en détail au chapitre 10. Qu'il nous suffise ici de faire remarquer que la dualité maçonnique n'existe que pour donner naissance à la tri-unité dont le symbole fondamental est représenté par les trois lumières. Autrement

---

4. Le carré long de longueur 2 et de largeur 1 nous fait découvrir la racine de 5, le nombre d'or, et ultérieurement l'étoile à cinq branches...
5. Le Khi rappelle le symbole christique du chrisme dont l'axe central symbolise l'*axis mundi* (Cf. R. Guénon, *Les symboles fondamentaux de la science sacrée*, pp. 398-399). Le Christ se dit la lumière (Cf. l'Évangile de St Jean).

dit, les deux outils provoquent, dans les mains du Maçon, l'émergence du trois. L'outil dégage l'esprit de la matière par le travail persévérant de l'Apprenti Maçon, aidé par ses frères Compagnons et Maîtres. Ce travail en commun lui permettra de trouver la place qui lui convient dans sa participation à la réalisation du plan d'œuvre de la loge.

La lignée trinitaire

Le nombre trois est le nombre de la création par excellence. Le démiurge se projette dans le deux et se voit dans le trois. Le trois est l'œil du Dieu (Dieu est d'abord un œil, disait J. Böhme). L'œil du Dieu équivaut à son souffle créateur qui plâne sur les eaux primordiales. Le trois est le Verbe-Fils du début du monde. Il est l'œil d'Horus qui permettra de ressusciter Osiris par l'intermédiaire d'Isis. Le trois a donné naissance à toutes les triades et à toutes les trinités des traditions religieuses et ésotériques. Le dieu crée par trois, l'homme crée par quatre, et si le dieu désire s'incarner, il devra le faire dans le ventre de la Vierge. L'esprit est dans la matière, disait l'alchimiste, et l'initié devra couper la pierre (la matière) en quatre pour en extraire le cœur, le cœur qui en est l'esprit...

Le nombre trois, par reflet dans le miroir du monde (de la manifestation), créera le trois inversé, le trois-récepteur. Et le mariage de ces deux trois, le mariage du roi et de la reine alchimiques, engendrera le nombre six de la manifestation du créé (les six jours actifs de la création). Ces deux trinités sont symboliquement représentées par l'union des deux triangles dans l'hexagramme du sceau de Salomon. Ce sceau est l'union du triangle-Feu, le triangle-Verbe, et du triangle-Eau : le triangle-Coupe (Vierge). C'est le *hieros gamos*, le mariage sacré.

Le sixième arcane du Tarot est l'amoureux.

Le nombre six est celui de la structure absolue de R. Abellio, c'est-à-dire la sphère composée des quatre directions de son cercle-diamètre et des deux directions axiales : le Zénith et le Nadir. La sphère est la forme parfaite puisqu'elle résume en son centre toutes les possibilités, tous les devenirs de la manifestation.

Le nombre neuf est obtenu par la multiplication du nombre trois par lui-même. Le nombre neuf est celui de la plénitude, de la totalité du créé retourné à sa source.

Les Chinois symbolisaient la manifestation divine par le carré divisé en neuf cases, le carré du *monde en neuf*. L'ennéade égyptienne comprend les neuf dieux responsables de tout le créé. Atoum, le souffle créateur, va engendrer successivement Geb et Nout, Shou et Tefnout, Osiris et Isis, Seth et Nephthys, les quatre couples de la quaternité naissante.

Le neuf est la dernière phase avant le retour à l'unité, l'unité dix. C'est donc la phase de l'illumination. Le neuf du Tarot est l'Hermite porteur de lumière. Nous ne sommes donc plus ici dans le temps mais dans un monde de lumière qui correspond pour l'initié égyptien à la découverte du tombeau d'Osiris. C'est à ce moment qu'il devient un nouvel Osiris, un lumineux.

Il en sera de même dans la symbolique maçonnique dans laquelle neuf maîtres retrouvent le tombeau et le corps d'Hiram.

La chaîne trois-six-neuf est donc une chaîne de transmutation. Le trois créateur plonge dans la matière (le six du créé) pour la transformer en lumière (neuf). C'est tout le sens de la croix du Christ sur laquelle l'homme divinisé (le Christ) meurt pour ensuite ressusciter dans la lumière du troisième jour.

La tri-unité maçonnique est omniprésente dans la loge. Les trois lumières physiques, morales et cosmiques: les trois piliers, le trois qui dirige (le Vénérable Maître, les deux Surveillants), les trois astres, le soleil, la lune et l'Étoile. Les trois fenêtres, les treize nœuds de la corde à nœud délimitant l'espace sacré, les trois coups de maillet, les trois acclamations, la triple batterie... et bien entendu les trois pas de l'Apprenti.

Toutes ces triades ne sont que les différents chemins vers l'unité-centre, au centre du labyrinthe maçonnique que représente le tableau de loge. Le trois conduit au quatre et le quatre au un. La triade ne peut que se manifester dans le quatre qui est le nombre de la prise de conscience. Et dans le carré long on peut dire que le quatre devient huit, c'est-à-dire le nombre du presque-cercle associé, dans le soufisme et l'architecture arabe, au trône de Dieu.

C'est dans l'octogone huit que le soufi inscrira le nom du Dieu qui deviendra le signe Khalam.

Le nombre huit n'est plus un nombre humain, il fait partie de la mutation de la matière en esprit.[6] Ce n'est pas pour rien que le nombre huit du Tarot correspond à l'arcane de la Justice. Justice surnaturelle que symbolise le parfait équilibre des deux plateaux de sa Balance, c'est-

---

6. Rappelons que ce nombre fait partie de la suite de Fibonaci qui donne naissance à la section dorée : 3 - 5 -8 - 13 - 21...

à-dire de la commutation de toute matière en esprit. L'équilibre parfait ne peut s'obtenir que dans l'invisible. Le nombre huit nous fait entrer dans le non-temps, dans l'inconditionné, dans l'ineffable. Rappelons que le nombre sacré de huit est trente-six et que trente-six est le nombre des anges (d'après J. Boehme) et le nombre de l'initiation au divin (d'après R. Allendy). Les pythagoriciens en ont fait le grand quaternaire parce qu'il est la somme des quatre premiers nombres pairs et des quatre premiers nombres impairs (1+3+5+7+2+4+6+8=36).

Nous voyons donc qu'en symbolique numérique comme en symbolique en général, il est difficile, sinon impossible, de considérer un nombre dans l'absolu. Ce nombre en appellera un autre et cet autre, à son tour, nous en fera découvrir un troisième. La symbolique du nombre peut se comparer à une extraordinaire caisse de résonance dans laquelle le symbole jette tous ses feux.

En passant du trois au quatre et ultérieurement au huit, nous avons, sans le vouloir, défini la suite 3-5-8 qui permettra le tracé de l'étoile à cinq branches.

Un, deux, trois, quatre et voilà l'Apprenti-Maçon qui perçoit le centre de la loge comme le centre de l'espace sacré.

Chapitre 8

L'ESPACE SACRÉ

En tentant de mieux cerner la notion d'espace sacré, nous sommes ici au cœur du *processus initiatique*. Elle est d'autant plus importante que beaucoup de nos frères (comme beaucoup de nos contemporains) ont, comme dit D. Beresniak, « *construit un mur entre le corps et l'esprit* »[1] et donc perdu la capacité d'établir la relation entre visible et invisible. Relation cependant indispensable, si nous voulons retrouver notre unité dans et par l'illumination du symbole.

« Le sacré, seul espace essentiel de la divinité qui à son tour accorde seule la dimension pour les dieux et le dieu, ne vient à l'éclat du paraître que lorsque, au préalable et dans une longue préparation, l'Etre s'est éclairci et a été expérimenté dans la vérité [...] ce n'est qu'à partir de la vérité de l'Etre que se laisse penser l'essence du sacré. Ce n'est qu'à partir de l'essence du sacré qu'est à penser l'essence de la divinité. Ce n'est que dans la lumière de

---

1. D. Beresniak, *L'apprentissage maçonnique*, une école de l'éveil, p. 10.

l'essence de la divinité que peut être pensé et dit ce que doit nommer le mot Dieu. »[2]

Ce texte est capital non seulement pour établir la relation entre visible (paraître) et invisible mais aussi et surtout pour montrer que l'accès au sacré ne peut se réaliser que dans l'expérimentation de l'Etre qui se veut en vérité. Expérimentation, insiste Heidegger, qui doit se faire après *une longue préparation*. Découvrir notre vérité pour avoir accès au sacré. Ceci est probablement la clef la plus importante de toute notre démarche. Nous devons découvrir le symbole, ou, si l'on préfère, s'en nourrir si nous voulons toucher au sacré. Ce qui veut dire que le symbole est à la fois le mystère du sacré et la *clef de notre recherche*. En effet, c'est dans le symbole que nous recréerons l'unité et c'est dans l'unité que nous rencontrerons le divin, la lumière de l'Un.

Nous savons déjà que le symbole est multiple et un, il est multiple pour animer et conscientiser la matière, il est un pour réunir en nous le haut et le bas, le visible et l'invisible, la matière et l'esprit, le profane et le sacré.

Le symbole est vérité, il sera donc aussi notre vérité...
Vérité que Plutarque affirmait pouvoir connaître par la révélation extatique, comme la révélation que reçoivent les âmes de Platon dans les régions supra-célestes. Cette révélation-fusion qui nous permet de contempler, de toucher du regard le divin... Car le sacré ne peut être que divin, il en est tout au moins son reflet. En passant du symbole au sacré, nous entrons dans le monde du reflet. Mais quel reflet ! Un reflet qui prend toutes les couleurs, tel un

---

2. P. Negrier, dans *La pensée maçonnique du XIVe au XXe siècle*, p. 187, cite M. Heidegger, Lettre sur l'humanisme, pp. 99 et 135.

arc-en-ciel sur fond de ténèbres, tel l'oiseau de paradis traversant les hautes frondaisons...

Un reflet qui épouse toutes les formes, celle du serpent comme celle de l'arbre, la forme de l'écaille et celle de la plume, la forme de la montagne et celle de l'abîme.

Tout dans ce reflet de l'invisible se forme, se crée, se fait et se défait, meurt et ressuscite, rampe et vole, parle et se tait.

Le reflet de notre extase est l'image du dieu, c'est-à-dire de l'inconnaissable. Inconnaissable que nous pouvons recevoir dans le vide de notre cœur, dans la béance de notre devenir. Encore faut-il que nous soyons suffisamment vide et creux et avide de connaître (naître avec l'autre).

Le reflet est le rien qui emplit tout, il est le tout qui habite le créé et l'incréé, le temps et le non-temps. Il est à la fois notre propre reflet dans le miroir du non-amour et l'image de l'autre dans le miroir du centre-pôle, ce miroir qui brille du côté de l'étoile, l'étoile de notre lumière.

C'est dans cette rencontre que nous découvrirons l'autre morceau du symbole, notre jumeau dans l'unité primordiale, jadis brisée par la chute dans le temps.

Et c'est dans cette unité retrouvée que nous deviendrons l'aile de l'ange, la plume de Maât, l'œil du dieu.

C'est dans cette communion que le symbole brûlera dans le sacré.

Ce préambule nous a semblé indispensable avant de tenter de définir l'espace sacré.

Espace qui est à la fois l'espace de la loge et notre espace intérieur, et ces deux espaces doivent coïncider. C'est alors seulement que se produira l'éclair, le déclic de la montée de la conscience. C'est alors seulement que notre vérité coïncidera avec celle du grand penseur qui a projeté sa vision, bien avant le temps, dans toutes les directions de la manifestation, pour y inscrire son programme.

Et nous voyons d'emblée que l'espace sacré est à mettre en relation avec un espace matériel nous permettant de fixer notre pensée, de situer notre méditation, mais cet espace est avant tout notre atelier intérieur, dont la forme et la dimension sont essentiellement abstraites, circonscrites par les enseignements du mythe et de notre propre imagination (de notre imaginal). Circonscrites aussi par la vision de tous les visionnaires qui nous ont précédés, tout au moins de ceux dont la vérité correspond à la nôtre.

Voilà, nous semble-t-il, les données fondamentales pour envisager la construction de l'espace sacré. Cet espace sera aussi notre mandala, notre onde de forme, notre cosmogramme, qui se superposera, naturellement, au tableau de loge, espace sacré de tous les frères de la loge.

Nous reviendrons au tableau de loge[3]. Qu'il nous suffise pour l'instant de circonscrire la méthode de travail, plus importante pour l'Apprenti que de longs développements théoriques. L'espace sacré se concevra dans ce qu'Abellio a appelé la structure absolue[4] qui est symbolisée par les six directions de l'espace sacré : le Septen-

---

3. Cfr. infra Chapitre 9.
4. R. Abellio, *La structure absolue*, pp. 22-23-47.

trion, le Midi, l'Occident, l'Orient, le Nadir et le Zénith. Ces six directions représentent donc une sphère dont le diamètre central est un carré.

Nous inscrivons donc, en esprit, le *carré long* de la loge dans le cercle de la sphère céleste ou spirituelle. Cela représentera la forme géométrique et visible de notre espace intérieur que l'on peut considérer comme un tableau de loge.

Rappelons que le mandala, comme le tableau de loge, est une recherche du centre dans un espace intemporel de transmutation, il s'agit du *creuset* de nos morts et résurrections successives. Cette recherche du centre nous permettra, chaque fois que nous réussirons à voir, de refaire un peu mieux notre propre unité. Il s'agit réellement d'une onde de forme qui influencera directement notre réalisation spirituelle. En parlant du mandala, C.G. Jung nous dit : « La quadrature du cercle est l'un des nombreux motifs archétypiques à la base des représentations de nos rêves et de nos fantasmes. Mais il se démarque de tous les autres en ce qu'il est l'un des plus importants d'entre eux sur le plan fonctionnel. En effet, on peut véritablement le qualifier d'archétype de la totalité. En vertu de cette signification, la quaternité est une unité, est le schéma des images divines... »[5]

La quadrature du cercle nous ramène aussi au tracé du carré long dans le cercle de la loge (inscrire la Terre dans le Ciel entre équerre et compas). « ...le mandala joue un rôle de « psychocosmogramme », nous dit G. Tucci, « permettant à celui qui l'utilise de se réintégrer non seulement dans l'univers mais aussi dans l'unité de la

---

5. C.G. Jung, *Psychologie et orientalisme*, p. 104. Cf. également C.G. Jung, *Commentaire sur le Mystère de la Fleur d'or*.

Conscience absolue, indivise et lumineuse, qui brille au centre divin comme au cœur de l'homme universel... »[6] Tout est dit dans ce texte de Tucci, il importe en effet de nous réintégrer dans l'unité de la conscience absolue qui est centre divin et centre de nous-mêmes. Le mandala, ou notre tableau de loge, est l'outil visible de ce travail sur nous-mêmes.

C'est par le tracé *de notre main* que nous allons petit à petit œuvrer à notre reconstruction, afin précisément de nous réenfanter homme universel. Par ce geste et ce tracé hautement symbolique, nous transformerons, comme le dit encore Tucci, notre terre en *diamant*[7], diamant qui n'est autre que le point-instant par lequel nous sortons du temps (profane par essence) et nous entrons dans notre éternité. Transformer la terre en diamant, quelle image fabuleuse, à même d'alimenter notre imagination et d'atteindre, comme le définit très bien H. Corbin, notre imaginal. Imaginal qui correspond parfaitement à notre définition de l'espace sacré.

Cette démarche de l'Apprenti-Maçon est vraiment très importante et nous pensons, avec tous les grands symbolistes de notre époque, qu'elle est la voie royale conduisant à l'intégration du symbole en nous et de notre devenir dans le symbole. Il importe, en effet, que nous devenions partie intégrante de la lumière du symbole. Cette lumière qui suscitera notre propre illumination.

C'est alors que nous pourrons comprendre la phrase du rituel « puisqu'il est l'heure et que nous avons l'âge ».

---

6. G. Tucci, *Théorie et pratique du mandala*, p. 5.
7. *Ibid.*, pp. 88-89.

L'Apprenti Maçon travaille de douze heures à douze heures (du Midi au Minuit intemporels), c'est-à-dire qu'il travaille *dans l'instant*, ce présent indéfiniment situé entre passé et futur. Quant à l'âge, trois ans, il est l'âge de la création, l'âge de la rencontre illuminatrice, sur l'axe du non-temps, du Nadir humain et du Zénith divin, au centre de notre vision. L'âge de l'Apprenti est l'âge du Dieu : cet âge entre Père et Esprit dans l'incarnation du Verbe-Fils.

C'est sur la verticale inversée du temps que l'Apprenti usera son temps humain pour le remplacer par l'inverse du temps, en enfouissant, comme le Pendu du Tarot, sa tête dans la terre céleste de son devenir…

L'espace sacré est vertical et verticalisant.

Chapitre 9

LE TABLEAU DE LOGE

Le tableau de loge, nous l'avons dit, s'inscrit dans la pure tradition des grands cosmogrammes de l'ésotérisme mondial. Il est le tracé d'un espace sacré[1] c'est-à-dire d'un espace au sein duquel se rencontrent l'homme et le Principe créateur, l'homme et sa verticalisation spirituelle.

C'est pourquoi il est important pour l'Apprenti d'étudier quelques-uns de ces grands cosmogrammes afin qu'il se familiarise avec leur contenu et surtout avec la méthode utilisée par nos prédécesseurs pour leur visualisation.

Le plus ancien de ces cosmogrammes est certainement le Zodiaque construit sur le nombre douze et illustrant le trajet, la pérégrination de l'esprit au travers de sa manifestation binaire. Tous les signes zodiacaux expriment en effet la dualité du temps.[2] Le Zodiaque pourrait aussi être considéré comme notre pérégrination dans le ciel, reflet

---

1. D. Beresniak, *L'apprentissage maçonnique*, une école de l'éveil, p. 10.
2. J. Behaeghel, *Le Zodiaque symbolique*.

de notre pérégrination terrestre. Il pourra donc s'inscrire soit dans un cercle soit dans un carré, et nous savons que, dans tous les cas, notre objectif est d'inscrire le carré dans le cercle. Dans le tracé circulaire nous évoquons la roue et le cycle de l'éternel retour, auquel nous échapperons par notre émergence dans le *centre fixe et immuable*.

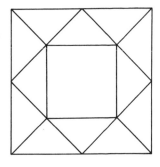

Fig. 18 : Le Zodiaque et la triple enceinte druidique.

Le tracé quadrangulaire (tracé utilisé au Moyen-Âge), qui fait penser à la triple enceinte druidique dont R. Guénon nous a merveilleusement parlé[3], constitue, en soi, un très beau mandala (fig. 18).

Quel que soit le tracé (fig 19), l'esprit-spirale du Bélier, commencement de l'aventure zodiacale, pénètre la matière du Taureau (lunaire), et ce dernier, dans la coupe de ses cornes-matrice, va féconder les eaux du Cancer pour y faire naître l'être double des Gémeaux. Ceci représente le premier tiers du Zodiaque, le tiers de la conception ; le deuxième tiers sera celui de la multiplication des jumeaux-Gémeaux dans la matière, dans la terrestréité, multiplication qui permettra au Lion de transmettre son feu à la Vierge et à celle-ci d'équilibrer la matière dans la Balance afin que le Scorpion, dernier signe de ce second tiers, puisse transmettre son feu au Sagittaire, le maître du troisième tiers, le tiers de la verticalisation et de la réunification de l'être. Le Sagittaire (être mi-homme mi-cheval) lancera sa flèche dans le cœur du Dieu, permettant ainsi au Capricorne de quitter les eaux primordiales et de rejoindre les hauteurs (la

---

3. R. Guénon, *Symboles fondamentaux de la science sacrée*, pp. 99-104.

chèvre-poisson des sommets). Il appartiendra enfin au Verseau (le Verse-eau) de transformer son eau en onde de lumière et de se rattacher à jamais au cordon ombilical céleste des Poissons.

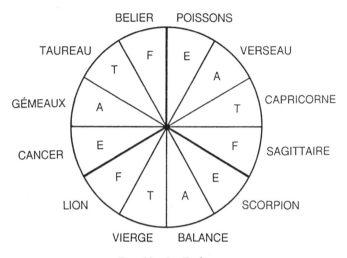

Fig. 19 : Le Zodiaque.

Voilà cet extraordinaire périple zodiacal qui est un voyage initiatique, tout comme le voyage du Fou du Tarot, dont nous reparlerons plus loin. Gardons simplement présent à l'esprit que le voyage initiatique est un voyage qui se fait dans et par le retournement du temps. Le Fou du Tarot commence sa quête dans le tombeau du vingtième arcane, l'arcane du Jugement, et se terminera à la table-autel du Bateleur. Ce voyage inversé sera également celui de l'arbre des Séphiroth qui est probablement le cosmogramme le plus génial de tous les temps. C'est dans ce cosmogramme que le nombre créateur manifeste tout son symbolisme. Kether retourne le monde dans sa tri-unité pour le *conscientiser*. Ceci pourrait être l'essence de ce fabuleux arbre. Kether - la couronne de

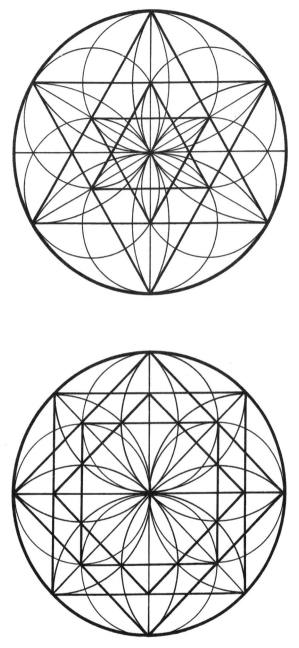

Fig. 20 : La structure trilobée et quadrilobée des tailleurs de pierre de la Bauhütte.

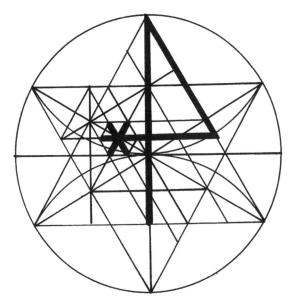

Fig. 21 : Signature de tailleur de pierre (d'après Rziha, Etudes sur les marques de tailleurs de pierre, pl. 12).

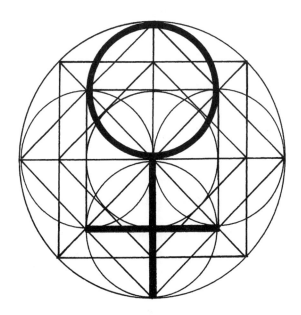

Fig. 22 : Signature de tailleur de pierre (d'après Rziha, op. cit., pl. 64).

lumière - va transmettre *sa vie* par le Père-Sagesse (Hochma) et la Mère-Compréhension (Binah) et cette transmission va se faire dans le temps par le retournement du sens. Ce retournement de la matière pour en extraire le feu de conscience. Daat (la Connaissance), la Séphira cachée, va se révéler dans Tepheret (la Beauté), soleil et cœur de l'arbre et c'est Tepheret qui va rendre la transmutation possible, la transmutation de la matière mortelle en esprit immortel, de la matière inconsciente en esprit d'amour. Cet amour qui brillera successivement en Hesod (la Compassion) et Gevoura (le Jugement) pour permettre à Netzah (Eternité) de donner son fruit d'éternité à l'homme par sa réverbération dans Hod. Et l'initié comprendra alors, et alors seulement, que la Fondation (Yesod) du Royaume (Malkout) est une Fondation dans l'outre-monde, outre-monde dont les racines sont néanmoins solidement incrustées dans le temps (fig. 13).

Dans notre réflexion sur l'arbre des Séphiroth, nous avons associé cette transmission spirituelle et amoureuse au caducée au double serpent. Le serpent descendant de l'imprégnation de l'esprit et le serpent montant (verticalisant) de la révélation de la lumière. Il nous semble en effet que ce double mouvement est toujours sous-jacent dans tout cosmogramme.

Poursuivons notre méditation cosmogonique par l'évocation du système des tracés des tailleurs de pierre et principalement ceux de la Bauhütte étudiés par F. Rziha dans son très beau travail intitulé : *Etudes sur les marques de tailleurs de pierre*.[4] C'est dans cette étude qu'il met en évidence les structures graphiques, comparables à de très beaux mandalas, dans lesquelles les

---

4. Edité par G. Tredaniel, éditeur et co-éditeur avec la Nef de Salomon.

tailleurs se choisissaient une marque personnelle, en accord avec le maître et les autres frères de la loge. Ces structures avaient pour bases fondamentales les trois figures géométriques essentielles : carré, cercle et triangle. Ces structures étaient généralement trilobées ou quadrilobées sur base de l'hexagone ou de l'octogone (fig. 20). L'idée de base consistait à reconstituer la totalité de la structure graphique à l'aide de la juxtaposition des signatures des frères. Idée particulièrement éclairante pour signifier l'importance de la communauté fraternelle de ces loges.

Il faut signaler également que l'approche symbolique de ces tailleurs de pierre était particulièrement complexe puisqu'il était possible de superposer plusieurs niveaux de lecture à une même « graphie ».[5] Rziha en cite trois : le symbolisme religieux, le symbolisme du rituel et celui des outils.

Ainsi en symbolisme religieux, le cercle est le symbole de la perfection divine, le trait vertical, celui de l'unicité de Dieu, et le trait horizontal est le signe du monde. Alors qu'en symbolisme des outils, le demi-cercle symbolise le gabarit ou le cintre, le trait horizontal la balance, et le trait vertical le fil à plomb. En symbolisme du rituel, le cercle symbolise le caractère fermé de la confrérie, etc.[6] Ainsi, si nous voulons interpréter la signification de la marque de la fig. 21, on dira que le frère tailleur, par la règle (le trait oblique), travaillera la pierre (la croix) pour découvrir sa lumière (étoile). La croix en symbolisme religieux signifie le monde ou Dieu. Alors qu'à première vue ce symbole ressemble plutôt au nombre quatre retourné.

---

5. Cf. en annexe une comparaison faite par Rziha (pp. 28-29) entre Francs-Maçons et Tailleurs de pierre.
6. F. Rziha, *Etudes sur les marques de tailleurs de pierre*, p. 64.

Le second exemple est plus évident (fig. 22) ; par son travail, le tailleur de pierre va réunir le Ciel (le cercle) à la Terre (la croix), ou encore par Dieu (la croix) le tailleur va trouver sa propre unité (le cercle)...

Bref on s'aperçoit que non seulement la symbolique lapidaire est complexe mais qu'elle ne peut se comprendre que dans une perspective de recréation du monde par le symbole pénétrant, conscientisant la matière.

Par cette trop rapide incursion dans le domaine passionnant des tailleurs de pierre, nous nous apercevons de l'importance du tracé.

Le tableau de loge se construit par équerre et compas à l'intérieur du carré long (carré de longueur 2 et de largeur 1). Les deux diagonales en situeront le centre, centre qui sera amplifié par le cercle tangeant au carré long et qui symbolisera le cercle et les deux parallèles des deux solstices. C'est en effet d'un solstice à l'autre que travaille le Maçon, en quête de sa lumière.

Ce premier tracé constituera donc la base géométrique du tableau, et c'est dans cette structure que les frères de la loge disposeront les éléments (meubles) les plus représentatifs de la symbolique maçonnique : pavé mosaïque, colonnes, fenêtres, lumières, outils, marches et pierres (fig. 17 et 24).

Quant à nous, il nous apparaît que ce tableau pourrait avantageusement s'inscrire dans la tradition des tracés des grands temples du passé (égyptiens, bouddhistes, chrétiens...) qui comprenaient généralement quatre portes, un centre (saint des saints), la quadrature du cercle (croix, carré et cercle) ainsi que les grands symboles de la religion en question. Si nous considérons, à titre d'exemple, le temple bouddhique de Borobudur (fig. 23), nous pourrions le résumer à un ensemble de

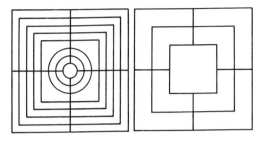

Fig. 23 : Plan simplifié de Borobudur et triple enceinte druidique.

carrés concentriques incluant des cercles concentriques reliés entre eux par la croix des quatre directions, et ce faisant, nous reproduisons, d'une certaine façon, la triple enceinte celtique ou druidique (toutes les traditions s'interpénètrent).

C'est de cette réflexion qu'est né mon tracé personnel du tableau de loge (fig. 24). Ce tracé sera adapté à chacun des trois degrés maçonniques en fonction des nombres, outils et symboles correspondants.

Ce tracé demande quelques commentaires.

Tout d'abord, sa construction. Le « carré long » est dessiné sur base d'un rectangle dont un des côtés est le double de l'autre. Ce rectangle (carré long) est ensuite divisé par ses deux diagonales qui définissent le centre (œil-vision) du tableau. Il sera également le centre définissant la totalité du parcours initiatique (d'un solstice à l'autre) et le centre du travail intérieur symbolisé par l'équerre et le compas. A l'Occident (angles inférieurs gauche et droit) figurent les outils des deux Surveillants (la perpendiculaire et le niveau). Ces deux outils encadrent le pavé mosaïque à seize carrés. La lune et le soleil brillent à l'Orient (angles supérieurs gauche et droit). Les outils spécifiques à l'Apprenti sont situés dans la partie supé-

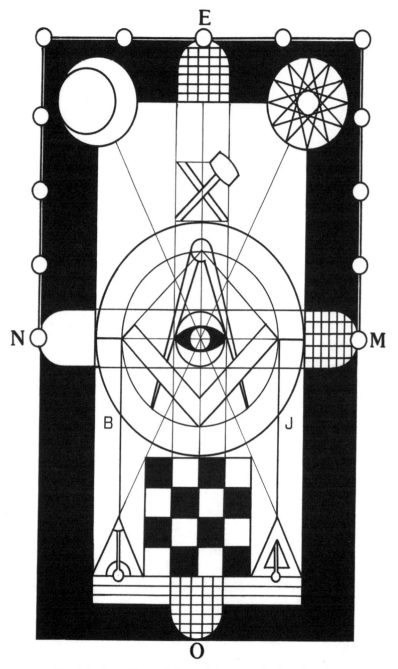

Fig. 24 : Le tableau de loge d'Apprenti de J. Behaeghel.

rieure du tableau (le maillet et le ciseau). La construction se complète par une structure en croix commune à la plupart des plans d'édifices sacrés. La croix est elle-même issue du pavé mosaïque et comprend donc huit carrés dans le sens de la longueur et quatre dans le sens de la largeur.

Les extrémités de la croix sont « éclairées » par les quatre fenêtres dont trois sont grillagées (les fenêtres de l'Orient, du Midi et de l'Occident), la fenêtre du Nord étant aveugle.

A l'Occident, les trois marches de l'escalier de l'Apprenti précèdent le pavé mosaïque. Enfin le tableau est « limité » par la corde à treize nœuds symbolisant les douze temps de l'espace sacré (et la corde du compagnon bâtisseur), une seconde fois illustré par les douze rayons du soleil.

Signalons que les deux colonnes Jakin et Boaz sont suggérées par les deux verticales reliant les outils des Surveillants à l'horizontale médiane du tableau (délimitant les deux carrés du carré long)

Passons ensuite en revue chacun des grands symboles de notre tableau.

Les trois grandes lumières y sont représentées par l'œil-centre du Grand Architecte de l'univers (l'œil-qui-crée-tout) et les deux outils des Surveillants (le niveau et la perpendiculaire) et une deuxième fois par les trois astres. L'étoile étant en devenir sous l'équerre et le compas. La symbolique du trois est illustrée par les trois fenêtres grillagées ; les trois paires d'outils (maillet-ciseau, équerre-compas, niveau-perpendiculaire), les trois marches de la porte occidentale, enfin les trois astres (Soleil, Lune et Etoile).

Nous avons complété ce tableau par la corde à treize nœuds qui rappelle l'outil du constructeur de cathédrale, les douze espaces de la manifestation, les douze signes du Zodiaque et surtout les douze portes de la Jérusalem céleste. Par souci de respect de la tradition nous y avons ajouté le pavé mosaïque et le rappel des deux colonnes, bien que la plupart des loges actuelles aient intégré ces éléments dans leur architecture. Par contre, nous n'y avons pas fait figurer les deux pierres (la pierre brute et la pierre taillée), la pierre étant la matière invisible de l'œuvre.

En analysant quelques tableaux de loge anciens, nous pouvons en extraire les éléments communs : les deux colonnes, le pavé mosaïque, les marches (l'escalier), les astres (Soleil, Lune, Etoile)[7], les pierres (brute et taillée), les trois fenêtres grillagées, les outils (équerre, compas, marteau (maillet), truelle, ciseau, perpendiculaire, niveau...), la corde à nœuds. Dans certains cas, le cercle et les deux parallèles, la planche à tracer et l'œil-qui-voit-tout dans son triangle (voir Annexe 2).

Nous réserverons le chapitre 10 aux outils et nous méditerons essentiellement sur les deux colonnes, les marches, le pavé mosaïque, les trois fenêtres grillagées, la corde à nœuds et les pierres.[8]

Dans la mesure où la loge fait référence au temple de Salomon, il est utile de rappeler que les Maçons travaillaient au parvis du temple et non pas dans le temple et que le temple était toujours *orienté*. Il était précédé des

---

7. Cfr. *supra* Chapitre 6 : Le ciel et les symboles célestes.
8. Cfr. aussi J. Lhomme, E. Maisondieu et J. Tomaso, *Dictionnaire thématique de la Franc-Maçonnerie*, à ces différents articles.

deux colonnes qui n'étaient pas des colonnes de soutien et qui pouvaient rappeler les obélisques précédant les temples égyptiens comme le rappelle E. Osty : « Ces colonnes n'étaient pas engagées dans l'édifice ; elles se dressaient en avant du vestibule, selon une disposition dont les obélisques d'Egypte et les hautes colonnes de sanctuaires à Chypre, Tyr, Byblos, Petra ont fourni maint exemple - « la colonne de droite », c'est-à-dire celle du Nord (Yakin), « la colonne de gauche » c'est-à-dire celle du Sud (Boaz) - Les noms de Yakin et de Boaz sont difficiles à interpréter : peut-être pour le premier : « ce que Yahvé rend stable », pour le second : « en lui est la force ». Comme leur nom, leur destination reste en partie énigmatique : simple motif ornemental, torchères ou supports de lampes ? »[9]

Quoi qu'il en soit et quelle que soit la place des colonnes, il nous semble logique d'associer la colonne de la Lune (celle du Nord) à ce que Yahvé rend stable, puisque la Lune reçoit sa lumière du Soleil tandis que la seconde, Boaz, (« en elle est la force ») est celle qui dispense l'énergie solaire.

Mais quelle que soit l'interprétation retenue, il est clair que les colonnes sont celles du passage. Non pas le passage de l'extérieur (le parvis) vers l'intérieur de la loge, mais bien le passage qui conduit vers le centre sacré du monde et de nous-même. Le passage du temporel vers l'intemporel. Et ce passage a un double sens : porte étroite vers le monde de l'illumination - totalité et fente, infime frontière entre visible et invisible, entre matière et

---

9. Bible d'Osty, p. 670, 1 Rois, 7, 21 «Il dressa les colonnes pour le Oulam du Hekal. Il dressa la colonne de droite et il l'appela du nom de Yakîn ; il dressa la colonne de gauche et il l'appela du nom de Boaz.

esprit. C'est la porte de l'âme que les anciens Egyptiens prévoyaient sous forme de porte sculptée dans leurs mastabas.[10]

Cette porte, sculptée en trompe-l'œil dans la paroi du mastaba permettait à l'âme du défunt de revenir parmi les vivants... Cette porte verticale devient, par la symbolique des grenades, la porte donnant accès à l'arbre de vie de l'*Apocalypse*, l'arbre qui donne ses fruits douze fois par an et dont les feuilles guérissent tous les maux. La porte verticale devient porte de la fertilité-immortalité.[11] Dans cet ordre de pensées, la colonne de la Lune devient l'arbre de la connaissance, la connaissance de la mort-résurrection, et celle du Soleil l'arbre de vie, l'arbre de la Jérusalem céleste.

L'initié passera entre les deux arbres pour devenir lui-même colonne du temple vivant.

Le rituel dit que c'est à la base des colonnes que les ouvriers (Apprentis et Compagnons) reçoivent leur salaire. Ce salaire est le salaire céleste, les fruits de l'esprit, le salaire de celui qui a réussi son angélomorphose, sa verticalisation.[12]

Passé cette porte verticale, l'Apprenti Maçon gravira les trois marches de l'escalier initiatique, par les trois pas rituels. Cet escalier qui le fait passer du niveau corporel au niveau de l'esprit.

---

10. Les mastabas étaient les tombes des riches commerçants et des grands artisans de l'ancienne Egypte.
11. 1 Rois, 7, 18-20 « Il fit des grenades [...] pour couvrir les chapiteaux qui étaient au sommet des colonnes [...] Les grenades étaient au nombre de deux cents... »
12. J. Behaeghel, *Symboles et initiation maçonnique*, p. 51.

« Dans les rites d'influence moderne le parvis du Temple, qu'on pourrait appeler le dernier parvis, est précédé d'un escalier de sept marches dont l'Apprenti monte les trois premières, tandis que le Compagnon en gravit cinq et que le Maître le franchit en entier.

Trois plus cinq plus sept, cela fait quinze, nombre qui correspond aux quinze marches en demi-cercle qui se trouvaient devant la porte de Nikanor, à l'est du Temple, et commandait l'accès au parvis des Juifs. »[13]

Trois-cinq-sept est une progression initiatique. Par trois on entre dans la conscience du Principe, par cinq on découvre son centre, et par sept on renaît être unifié. Les trois marches s'inscrivent dans la première des triades du grade, le premier degré de l'élévation.

C'est alors que l'Apprenti marchera sur le pavé mosaïque, un pied dans le blanc, un pied dans le noir ; ou plutôt, il marchera entre blanc et noir, à la limite des deux couleurs. L'Apprenti marche à la limite de deux mondes pour transcender la dualité de sa condition humaine. Il s'agit ici, comme le signale Guénon[14], d'une dualité une et non d'une dualité manichéenne. La dualité une est verticalisante, elle conduit au pôle, la manichéenne, elle, nous inscrit dans la multiplicité horizontale.

Le Yin-Yang est un symbole de la première et le Diable diviseur un symbole de la seconde. Le Yin-Yang réunit le blanc et le noir dans une même circonférence, alors que le Diable est éternellement confronté à un double refus

---

13. J. Tomaso, *Dictionnaire thématique*, *op. cit.*, p. 367 et cf. aussi le chapitre 7 : Le nombre.
14. R. Guénon, *Symboles fondamentaux de la science sacrée*, pp. 306-308.

(pour Abellio), le refus de Lucifer (l'ange blanc) qui refuse la matière et le refus de Satan (l'ange noir) qui refuse la lumière.[15]

Le symbolisme du pavé mosaïque n'est pas évident de prime abord. Il ne s'agit pas du jour et de la nuit, de l'ombre et de la lumière, de la vie et de la mort... tous symboles de la dualité manichéenne et passive et dont les signifiants impliquent toujours une séparation relativement inconciliable entre les deux aspects d'une même réalité cyclique.

La cosmogonie des Dogons va nous permettre d'enrichir notre perception de ce beau symbole. Le carré mosaïque représente pour eux le système du monde et ce système est imaginé et ensuite mis en œuvre par le grand Tisserand qui est appelé le Lébé : *le mort et le ressuscité*. Et c'est en tissant la couverture des morts qu'il appelle le nouveau vivant à la vie éternelle.

«...l'œuvre type qui sort du métier est la bande destinée à former la couverture des morts. Elle est faite de carrés noirs et blancs alternés composés par deux plans de quatre-vingt fils pairs et impairs de la chaîne et quatre-vingt va-et-vient de la trame. La couverture compte huit bandes cousues qui devaient comporter chacune quatre-vingt carrés. »[16]

Le Tisserand joue ici le rôle de l'assembleur qui imbrique dans une même étoffe le noir de la mort terrestre

---

15. Le Diable est souvent représenté sous la forme hybride de l'être mi-animal, mi-ange...
16. M. Griaule, *Dieu d'eau*, pp. 68 et 107-108.

et le blanc de la vie d'outre-monde. Ce qu'il importe de bien remarquer c'est que le tissu est un.[17]

Signalons aussi que les huit bandes de quatre-vingt carrés nous donnent six cent quarante carrés, soit le nombre symbolique 640 ou 64. Et 64 est le nombre de la totalité de la cosmogonie Yi-King. Nombre qui correspond à la multiplication de la quaternité par seize (4 x 16). Nous sommes donc ici en présence d'un nombre totalement terminé dans le temps et c'est ce que l'arcane XVI du Tarot exprime très bien par la Tour foudroyée (la Maison Dieu) ; la foudre divinise en effet tout ce qu'elle touche. Dans notre tableau, nous rappelons ce nombre en représentant la fin du cycle par un pavé mosaïque à seize carrés (fig. 24). Signalons enfin que la moitié du nombre seize est le nombre huit qui, dans le Tarot, est représenté par la Justice dont la Balance équilibre définitivement la matière et l'esprit, c'est-à-dire le noir et le blanc. Et concluons avec R. Guénon que la couleur blanche est celle de la lumière manifestée et que la couleur noire est celle du non-manifesté. C'est donc le noir qui illuminera l'initié à sa juste lumière. L'initiation est retournement, inversion, changement de vision et donc changement d'état.

C'est, du reste, cette lumière noire qui perce les trois fenêtres grillagées de la loge.[18] Il s'agit de la lumière qui émane du centre, le centre de la loge associé au centre du tableau, à l'œil de l'Architecte, à la vision-création.

---

17. P. Dangle, *op. cit.*, pp. 78-79 « A l'Apprenti, par la pratique des symboles, de découvrir les liens vitaux qui unissent entre eux les deux termes d'une dualité et engendrent une démarche créatrice. »
18. 1 Rois 6, 4 « il fit à la Maison des fenêtres aux embrasures grillagées. » Rappelons que la Maison va contenir le Saint des Saint (le Debir) qui va contenir l'arche d'alliance…

Ces fenêtres sont, par conséquent, une protection contre les infiltrations extérieures. Elles sont un peu comparables à la clôture du monastère, séparation physique entre le monde extérieur du bruit et de la désintégration et le monde intérieur du silence et de la réunification. Elles éclairent aussi la signification particulière associée aux directions de l'espace. La fenêtre orientale ne diffusera pas la même lumière que celle de l'Occident ou du Midi.

Les trois fenêtres grillagées sont un bon exemple de l'ambivalence du symbole. Ce dernier n'a de sens qu'en fonction d'une dualité à réunifier. Si ce n'est pas le cas, il ne joue pas son rôle dans l'ensemble dans lequel il est placé. Les deux pierres, la pierre brute et la pierre taillée, sont un autre exemple de la complexité du symbolisme.

Une première façon d'approcher ce symbole consiste à associer ces deux pierres à la Lune pour la pierre brute et au Soleil pour la pierre taillée. La pierre-de-Lune est donc pierre céleste, associée à ce qui est caché, à l'imagination, à la créativité, à la fertilité, mais aussi au reflet de ce qui est en haut, la Lune est le visage qui brille dans la nuit. Quant au Soleil, il est radiations, il chauffe et illumine à la fois, il donne son or à celui qui peut le recevoir. Le Soleil est actif, comme le Maçon tailleur de pierre qui consciemment inscrit son symbole, son nom, dans la matière afin de la spiritualiser. Comme le dit très bien J. Tomaso, « la pierre brute n'est pas un caillou informe ni un rognon de silex, non, c'est une pierre proprement extraite de la carrière, de forme régulière, parallélipipède, utilisable sans trop de perte... »[19]

La pierre brute est pierre de ciel, souvent assimilée à la pierre dressée, pierre qui est le signe du Dieu et de son al-

---

19. J. Tomaso, *Dictionnaire thématique, op. cit.*, pp. 434 ssq.

liance. « La pierre brute descend du ciel, transmuée, elle s'élève vers lui. »[20]

Cette phrase du *Dictionnaire des symboles* résume tout le travail du Maçon. Il s'agit d'une seule et même pierre, transmuée par le travail et la prise de conscience du Maçon. C'est lui qui va lui insuffler son esprit et sa lumière et ainsi la transformer en étincelle d'étoile. Les deux pierres s'inscrivent ainsi dans une dualité unificatrice. Le deux, dans ce cas, suscite toujours le trois unificateur de la voie du milieu.

Rappelons encore que le très beau rituel des Maîtres Maçons de Marque a pour point central la pierre rejetée par les bâtisseurs et qui devient la pierre d'angle ou la clé de voûte. Pierre rejetée qui n'est autre, dans le christianisme, que le Christ, rejeté par les siens et devenu clé de voûte du nouveau Temple.

L'initié sera rejeté par le monde pour avoir accès au nouveau royaume, c'est le prix à payer pour refuser l'illusion et recevoir la vraie lumière.

Terminons notre étude du tableau de loge, que nous n'avons fait qu'effleurer, par la très importante corde à nœuds. La corde à nœuds, pour les constructeurs de cathédrales, était un outil, et un outil important, puisqu'il permettait au bâtisseur de tracer le triangle droit (angle droit) et l'arc du cercle et donc, symboliquement, de passer de la Terre au Ciel.[21] Il s'agit du lien qui unira l'Apprenti à ses frères, mais aussi à l'infini (chaque nœud a la

---

20. J. Chevalier et A. Gheerbrant, Dictionnaire des symboles, p. 596. Cfr. aussi J. Behaeghel, Symboles et initiation maçonnique, chapitre 4.
21. Pour l'origine de la corde à nœuds, cfr. Dictionnaire thématique de la Franc-Maçonnerie, pp. 282-283 et cfr. aussi D. Beresniak, L'apprentissage maçonnique, une école de l'éveil, pp. 106-107.

forme d'un huit, symbole de l'infini et du lemniscate *carrable*[22]). Le nœud nous lie à notre infini. La corde à treize nœuds (et douze espaces) peut aussi symboliser une totalité ; la totalité du Zodiaque, des douze portes de la Jérusalem céleste, des douze apôtres.

Dans les loges, la corde à nœuds limite souvent le tableau de loge et peut comporter trois, cinq ou sept nœuds si le nombre de nœuds est en relation avec les trois degrés initiatiques. Nous lui préférons le nombre treize dans la mesure où ce nombre symbolise le passage du terrestre au céleste.[23]

La corde à nœuds a donc bien sa place comme limite entre le tableau de loge (espace sacré) et le monde profane, le monde de la terrestréité. Limite aussi entre l'art du trait et l'art du faire par l'outil transmutateur.

---

22. Le lemniscate *carrable* établit la quadrature du cercle puisque la surface d'une boucle correspond à la surface du carré dont le côté a la valeur du diamètre du cercle inscrit.
23. Dans le Tarot l'arcane 13 est celui de la mort initiatique.

Chapitre 10

LES OUTILS

Nous ne reviendrons pas sur la corde à nœuds qui est un outil mais qui est devenue, dans son utilisation symbolique, limite décorative du tableau de loge.

Les outils dont nous allons parler dans ce chapitre sont ceux du travail du Maçon préparant sa pierre pour l'édifice (le nouveau temple de l'esprit).

On peut peut-être regretter que la truelle ne figure plus aujourd'hui dans la majorité des tableaux de loge[1], cet outil étant à la fois celui de la « reliance » et, par son symbole, celui de la rencontre de la matière et de l'esprit. Guénon, dans son commentaire, nous fait remarquer que « *le renversement du symbole du soufre signifie la descente des influences spirituelles* dans le monde d'en bas, *c'est-à-dire dans le monde terrestre et humain.* » La truelle surmontée de la croix est aussi un

---

[1]. R. Guénon, *Etudes sur la Franc-Maçonnerie et le Compagnonnage*, tome 2, p. 64.

symbole de l'incarnation du Dieu (le Christ) dans sa création, l'eau de la terre (▽). Le triangle étant à la fois symbole trinitaire, symbole de l'eau et symbole du cœur, on peut l'associer à la coupe du Graal. On voit donc que la truelle cruciforme est un symbole d'une très grande richesse et qui, à lui seul, exprime fort bien la quête maçonnique (fig. 25).

Fig. 25 : La truelle cruciforme.

Cela étant dit, nous allons nous limiter aux trois grands couples fondamentaux des outils représentés aujourd'hui sur la plupart des tableaux de loge, à l'exception des tableaux anglais et de ceux de certains rites particuliers. Je pense, entre autres, au tableau des Maîtres Maçons de Marque.

Ces trois couples sont les suivants : équerre-compas, maillet-ciseau, perpendiculaire-niveau. Remarquons d'emblée que dans chacun de ces trois couples, un des outils est actif et l'autre passif ; chacun des couples symbolise donc chaque fois la complémentarité *initiatrice*.

L'équerre et le compas

« En symbolique l'outil crée la forme et le rite ; le rite qui est geste créateur. Le compas contient le cercle et la circumambulation, l'équerre contient le carré, le plan du temple et le chemin de croix… »[2] On peut donc associer ces deux outils au Ciel et à la Terre et, par conséquent, à leur création et à leur re-création symboliques. Ce sont les instruments de la cosmogonie. Ceci est illustré par les

---

2. J. Behaeghel, *Les grands symboles de l'humanité*, pp. 85-89.

dieux chinois des commencements, les deux jumeaux, créant la terre et le ciel par leur union (fig. 26) fécondatrice ; et par l'androgyne alchimique réunifiant la création par la fusion des contraires : l'eau et le feu. Dans les deux cas, l'équerre et le compas sont les outils de ce grand drame cosmique, drame de la séparation-création dans le temps et de la réunification-recréation dans le non-temps. Les outils de ce drame créateur sont ceux des dieux et des hommes qui *veulent* imiter les gestes fondamentaux conduisant à la maîtrise et à la transcendance du temps.

Fig. 26 : Fou-Hi et Niu-Koua
(d'après L'art de la Chine, p. 512 - Tombeau de Wu Liang - 151 après J.-C.)

Tout l'art du tracé va donc être fonction de l'utilisation de ces deux instruments en prenant conscience que les imbrications géométriques qui naîtront de l'imagination de l'ouvrier (l'Apprenti, l'initié) seront toujours des rencontres, des mariages du Ciel et de la Terre.

Parmi les différentes manières de visualiser ce *hieros gamos* géométrique, nous préconisons celle dans laquelle le Ciel (cercle) couronne la Terre (carré), pour la bonne

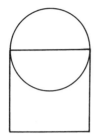

Fig. 27 : Union géométrique du Ciel (cercle) et de la Terre (carré).

raison que ce tracé est une représentation du temple ou de la porte céleste, partout présent dans l'art roman (fig. 27). Toutes les quadratures du cercle sont également des expressions de cette union du ciel et de la terre, et particulièrement celle du cercle et des deux parallèles dont nous avons déjà parlé, et qui symbolise les deux manifestations de la lumière aux deux solstices. Mais il est une figuration particulièrement intéressante pour le Maçon, c'est celle du carré long qui est la forme du tableau de loge (plan du temple maçonnique) et dont la diagonale est $\sqrt{5}$ [3].

Cette diagonale était considérée par les tailleurs de pierre comme symbole de la règle. Autrement dit, c'est non seulement la règle qui conditionne la démarche du Maçon mais c'est surtout elle qui, entre équerre et compas, construit l'espace sacré.

C'est pourquoi le symbole maçonnique figurant sur le linteau d'une maison de Ribiers m'a tellement plu.[4] On peut y voir le compas et l'équerre imbriqués l'un dans l'autre, à la façon des Compagnons, contenant, entre eux, l'œil de l'Architecte ou l'œil intérieur. Le Maçon voit par le symbole, le Maçon se voit dans le symbole, comme dans un miroir, lui faisant découvrir le dedans du créé. La disposition de l'équerre par rapport au compas est intéressante. Le compas dans la partie supérieure

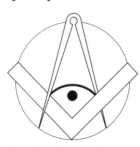

Fig. 28 : L'œil de la vision entre équerre et compas.

---

3. Le carré long est présent dans le temple de Salomon. Cfr. aussi M. Ghyka, *Le nombre d'or*, pl. XXV.
4. J. Behaeghel, *Les grands symboles de l'humanité*, p. 88.

évoque le Ciel, l'équerre dans la partie inférieure évoque la Terre ; la Terre recouvre le Ciel. Telle est la situation de l'Apprenti. C'est en effet dans les quatre éléments de la matière qu'il devra découvrir sa lumière, sa vision (fig. 24 et fig. 28).[5]

C'est seulement après son voyage *terrestre* qu'il pourra se dégager de son horizontalité en suivant son étoile. Alors, et seulement alors, il pourra réaliser sa première *coagulation*, entre terre et ciel, entre carré et cercle.

Maillet et ciseau

Les deux outils du tracé ont donné naissance à la forme, forme dans laquelle le créé va se mouler et trouver sa lumière.

Le maillet et le ciseau sont les outils de la taille de la pierre engendrant le son et la vibration.

C'est par son verbe que l'Apprenti va tailler le « lapis » que l'alchimiste associait au Graal. On peut du reste rapprocher l'action du maillet sur le ciseau en évoquant la quête du Graal au cours de laquelle Perceval, dans le *sixième* château, frappera trois fois de son *maillet d'or*, sur la table d'airain, afin de renverser le monde en en inversant le temps et pour préparer son accès au château du Graal.[6]

Cet épisode de la quête arthurienne est « révélateur » pour l'initié. Le château en question, le sixième, est le

---

5. Cfr. *infra* : chapitre 11, Le voyage dans la croix.
6. P.G. Sansonetti, *Graal et alchimie*, pp. 165-179.

château vibrant. La table-gong sur laquelle frappe Perceval est une table quadrangulaire (longue de trois toises et large de cinq pieds) reposant sur quatre pieds-colonnes. Et il est dit à Perceval que s'il frappe sur la table d'airain, le château s'écroulera sur lui et sur tous ses habitants.[7]

La table d'airain, construite sur le nombre d'or (rappelons que le rapport 5/3 nous donne une approximation du nombre d'or), est le symbole du monde visible, et nous devons oser détruire ce monde (le monde du quaternaire) si nous voulons entrer dans le monde de la lumière.

Le maillet est donc bien l'outil par excellence du passage de l'horizontale à la verticale. Tailler la pierre c'est faire vibrer nos certitudes et, en les anéantissant, émerger à la conscience pour participer à la construction du nouveau royaume. Oser détruire le visible pour trouver la lumière qui est dans la pierre… Oser frapper fort et bien pour obtenir l'ouverture de la porte. L'Apprenti ne peut pas frapper sans clairvoyance, sans savoir-faire, il doit savoir utiliser le ciseau, l'outil intermédiaire entre le maillet et la pierre. L'outil tranchant qui va imprimer la forme de l'esprit à la pierre. Le ciseau est le tranchant de l'esprit, qui fait de la pierre le cube de la perfection, le cube à six faces qui, tel la Jérusalem céleste, descend de la haute montagne sur la terre fertile du chercheur de lumière. Car depuis son initiation il a reçu le maillet, et son maillet est « fertilité », « vibration » et verbe-fils.

Le ciseau « passif » coupe la matière inerte et le maillet « actif » lui transmet la chaleur du cœur de l'Apprenti, et la chaleur de son cœur rejoint le cœur de la pierre.

---

7. *Ibid.*, p. 166 « Une autre demoiselle se montre et lui crie que s'il frappe encore, le château va choir et ensevelir tous ceux qui s'y trouvent. »

Le niveau et la perpendiculaire

Le niveau est l'outil du premier Surveillant, tandis que la perpendiculaire est celui du second Surveillant. Ces deux outils forment une triade avec l'équerre, outil du Maître de la loge. C'est la triade sur laquelle repose la direction (l'orientation) de la loge (fig. 29).

Dans l'art de la construction, horizontalité et verticalité sont essentielles à la solidité de l'édifice. Symboliquement, ces deux dimensions nous conduisent à la croix, la croix de la rencontre de l'esprit (vertical) et de la matière (horizontale).

Rappelons que les églises chrétiennes et beaucoup de temples d'autres traditions sont construits sur un plan cruciforme ; et que c'est à l'intersection des bras de la croix que l'initié découvrira le centre, son centre. Le symbolisme qui se dégage de ces deux outils est donc fondamental et complète fort bien la signification des deux couples précédents et que nous avons ramenée à la terre et au ciel (équerre, compas) et à la vibration créatrice (maillet, ciseau). Ce troisième couple ajoute aux deux précédents la notion, si importante, de l'*axis mundi*. La perpendicularité (verticalité) est directement associée à l'axe, et l'axe est le centre-sommet de l'édifice, centre-sommet qui conduit au pôle.[8]

Fig. 29 : Niveau et perpendiculaire.

---

8. Cfr. *supra*, chapitre 5.

Dans ce couple, comme dans les deux autres, un des outils est passif par rappport à l'autre. Le niveau horizontal, disons terrestre, est passif par rapport à la perpendiculaire, qui évoque la verticalité céleste, l'élévation vers le sommet.

On peut maintenant, en conclusion de notre méditation « opérative », rassembler ces trois couples dans une même pensée. L'équerre et le compas nous ont permis de tracer le plan du temple de l'esprit. Ce temple, par le maillet et le ciseau, deviendra vibrant, c'est-à-dire réceptacle du verbe créateur (l'élixir de vie du Graal), et enfin la perpendiculaire et le niveau *axeront* ce temple pour en faire la montagne sacrée[9] au pôle de la Jérusalem céleste. Les outils forment, avec le tableau de loge, une totalité symbolique particulièrement riche et pratiquement infinie quant à ses éclairages et ses interprétations. Cet ensemble est un cosmogramme, outil de l'esprit que l'Apprenti aura constamment à ses côtés tout au long de son difficile voyage.

---

9. J. Behaeghel, *Les grands symboles de l'humanité*, p. 55 (la Montagne sacrée) ; p. 77 (l'axe du monde et le pôle).

Chapitre 11

LE VOYAGE DANS LA CROIX

Le voyage de l'Apprenti-Maçon est un voyage vers la lumière, voyage dont l'ultime étape sera celle du château (ou du royaume) hors du temps. Ce voyage, comme le disait Guénon, est comparable à « l'état d'errance »[1], mais une errance dont l'initié connaît confusément, au plus profond de lui-même, la destination. Il sait aussi que cette errance, semblable en cela au pélerinage, est semée d'embûches et est une succession de *probations*. Il lui faudra vaincre les mirages (les monstres) de la terrestréité, de la matérialité de la manifestation. Cette manifestation s'exprime dans l'ésotérisme par la quaternité des éléments. Le voyage, dans cet esprit, est une renaissance, renaissance au centre du labyrinthe, dans le creuset (*athanor*) de la terre, de l'eau, du

---

1. R. Guénon, *Etudes sur la Franc-Maçonnerie et le compagnonnage*, tome 1, p. 57 : « ...l'état d'errance si l'on peut dire, ou de migration, est donc, d'une façon générale, un état de probation... »
2. *Ibid.*, p. 54 : "Quant à la coquille, en certaines régions, elle était appelée « creusille », et ce mot doit être rapproché de celui de « creuset », ce qui nous ramène à l'idée d'épreuves, envisagées plus particulièrement selon une symbolique alchimique, et entendue dans le sens de purification... »

feu et de l'air². Creuset que Guénon associe à la coquille du pélerin se rendant à St Jacques de Compostelle. Il rappelle, d'une façon toute appropriée, que le chemin de St Jacques est assimilé, dans le langage des paysans, à la voie lactée. Merveilleux rapprochement symbolique qui fait de l'errance initiatique dans les quatre éléments, un voyage à l'étoile... Mais avant d'atteindre l'étoile, l'Apprenti tentera d'abord d'en découvrir la lumière dans sa terre de morts et de résurrections successives.

Le symbole de la quaternité

Avant d'envisager le voyage dans chacun des éléments, il me semble essentiel de nous pénétrer de ce quaternaire qui est la substance même de la condition humaine.

La terre est quatre par sa *spatialité*, et par ce fait elle est la forme visible de l'essence. C'est la forme du créé. Forme qui constitue une limite, une contrainte et, d'une certaine façon, une illusion.

Et c'est dans cette illusion que nous devons *cheminer* pour découvrir et atteindre notre centre, notre devenir de conscience. Car la forme est le contenant de tous les devenirs, la forme est le labyrinthe de la création. Labyrinthe qui exprime à la fois l'espace et le temps de notre action. C'est la raison pour laquelle toute quaternité est cosmogonique et toute cosmogonie est quaternité, étant entendu que toute quaternité est induite par une première division de l'unité première (Tiamat, les eaux de la *Genèse* biblique, Shou-Tefnout, les jumeaux créateurs...), division du Dieu-Un.

Mais avant de mieux cerner cette *réalité* quadridimensionnelle, il importe de la situer par rapport à la manifestation de la lumière terrestre qui est elle-même quaternaire. La lumière est quatre parce qu'elle procède du clair et de l'obscur, du chaud et du froid, du sec et de l'humide. La lumière est cyclique et le cycle va du jour le plus long (solstice d'été) à la nuit la plus longue (solstice d'hiver) en passant par deux points neutres d'égalité de la nuit et du jour (équinoxes)... Le cycle est donc quatre et peut être représenté par une sinusoïdale[3] (fig. 30).

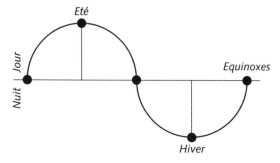

Fig. 30 : La courbe sinusoïdale des équinoxes et des solstices

Et c'est ce rythme fondamental qui a probablement inscrit la quaternité dans nos gènes, dans notre archétype inconscient. La quaternité est devenue carré dans l'espace et croix dans le temps. Le temps qui constamment permet à la verticale de rencontrer l'horizontale.

Voilà pour la lumière que les Anciens de toutes les grandes civilisations ont associée aux quatre éléments. Mais peut-être devrions-nous dire que la quaternité est divine puisque la lumière est le Verbe et que le Verbe est créateur. Dieu est quaternaire puisque la Terre est le signe de sa manifestation, on devrait dire le signe visible, la limite temporelle de sa création. Et le plus beau symbole de cette quaternité est le tétragramme

---

3. R. Allendy, *Symbolisme des nombres*, pp. 90-91.

juif : l'Iod, l'Hé, le Vau et le deuxième Hé. « Les quatres lettres sont analogues à une série cyclique dans laquelle l'Iod et le Vau, signes du point et de la ligne, seraient les termes extrêmes, et les deux Hé, les intermédiaires à la façon de la série : Eté - équinoxe - Hiver - équinoxe [...] Physiquement, on peut y voir le schéma d'une onde vibratoire. »[4]

Dieu serait donc quaternaire, vision confirmée par la Croix du Christ en y introduisant comme quatrième terme la très vieille notion de Terre-mère ou plus précisément de Vierge-mère suivant le schéma de C.G. Jung (fig. 31)

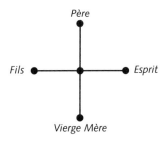

Fig. 31 : La quaternité selon C. G. Jung

Sans la Vierge, en effet, le Dieu ne peut pas s'incarner, sans la Vierge l'initié ne peut pas se ré-enfanter (se ressusciter).

Tout le mystère du symbole cruciforme, universel et bien antérieur au Christ, est dans cette réalité à la fois mystique et cosmogonique. Le Dieu est quatre car il est seul à pouvoir permettre à l'homme de refaire son unité en son centre, au centre de la croix. La croix sera donc, au fil du temps, un des grands symboles de la quaternité.

---

4. *Ibid.*

Revenons maintenant à l'aspect cyclique du quaternaire pour le définir dans les quatre éléments. Le quaternaire devient de la sorte élémental.

Les Anciens ont toujours associé les quatre éléments aux quatre états de la matière : le Froid et le Chaud, l'Humide et le Sec. Le Froid-Terre, le Chaud-Feu, l'Humide-Eau et le Sec-Air. On pourrait, comme d'autres avant nous, associer les quatre éléments deux à deux comme éléments passifs (eau et terre) et éléments actifs (feu et air). Mais ce qui importe, surtout ici, c'est de constater la verticalisation du processus : l'horizontale Terre-Eau devient la verticale Feu-Air ; en d'autres termes, les éléments, dans leur cycle de transmutations successives, vont de l'inertie horizontale à l'activité verticale dont la limite est l'éther-pôle, et, par conséquent, les quatre éléments rappellent la croix spatiale que nous définirons comme suit : le nord-Terre, le sud-Soleil (et feu), l'ouest-Eau et Lune et l'orient- Air (et lumière). Et tout naturellement cette croix a été associée dans l'ère chrétienne aux quatre Vivants de la vision d'Ezechiel et que Jean de Patmos a réintroduits dans l'Apocalypse. Les quatre Vivants symbolisent, à leur façon, les états du temporel : l'aigle pour l'Air, le lion pour le Feu, le taureau pour la Terre et l'ange-homme pour l'Eau. Et ceci nous rappelle les quatre signes du Zodiaque et ses constellations zoomorphes. Les douze signes du Zodiaque sont d'autre part l'expression évolutive et ontologique de trois quaternaires, chaque quaternaire exprimant successivement les quatre états de la matière. Le premier quaternaire est celui de la pénétration de l'éclair créateur dans la matière, le second est la maturation du germe dans l'œuf du temps et enfin le troisième est le retour conscientisé de la création à son centre d'émanation[5]. On peut donc

---

5. J. Behaeghel, *Le Zodiaque symbolique*.

constater que le quaternaire est mythologiquement fondateur, et j'en donnerai deux exemples : le mythe osirien et le mythe de la Création de la *Genèse*.

Dans le mythe osirien, le dieu solaire Râ crée d'abord les conditions *élémentaires* de la création : le sec et l'humide (Shou et Tefnout). Ce premier couple va donner naissance au ciel et à la terre : Nout et Geb, et ces derniers donneront naissance à la première quaternité (deux couples de jumeaux) : Osiris-Isis et Seth-Nephthys. Ces deux couples représentent à la fois l'opposition-complémentarité du féminin-masculin et l'opposition des deux éléments extrêmes : le Feu (Seth) et l'Eau (Osiris). Osiris est en effet un dieu lunaire et sa première mort sera celle de l'eau (Nil), suivie par celle de la terre (démembrement) puis par celle de l'air (l'arbre de Byblos), et enfin il connaîtra la résurrection dans le feu d'Horus, le Fils d'Isis né par parthénogenèse.

On voit donc que très tôt le mythe est quaternaire, tant par sa structure élémentale que par ses principaux personnages. Il importe également de souligner que d'emblée la parité féminin-masculin est mise en évidence (Nout est femme et Geb est homme, Osiris-Isis, etc.).

Dans la création biblique, la quaternité est sous-jacente lors de la création de l'homme, qui naît sous forme androgynique (homme et femme), puisqu'il vient du Dieu-Un (Yahwé) et est mis en présence de l'Arbre de la connaissance. Et c'est par l'arbre, la première mère de l'humanité, que l'homme va découvrir la partie féminine de lui-même, révélée par le serpent, symbole de la connaissance-conscience et du cycle temporel.

La deuxième quaternité est ici représentée par deux couples : le couple Arbre-Serpent et le couple Adam-

Eve. Et c'est à l'instant de la séparation Adam-Eve que l'homme entre dans le temporel symbolisé dans la Genèse par les quatre fleuves jaillissant de l'Eden. Le quaternaire des eaux contient toutes les naissances du monde... Dans ces deux mythes fondateurs, le quaternaire est en quelque sorte *diviseur*, il éparpille l'homme dans la matière. La conséquence de ce *démembrement* (dont la Croix est aussi un très beau symbole) sera la possibilité, sinon la nécessité, de réunifier le créé à la fin du cycle naissance-vie-mort-vie.

Le démembrement appelle non seulement une réunification mais une mutation par changement d'état : la résurrection dans l'outre-monde.

Le quaternaire est donc réunification.

C'est ce que les pythagoriciens ont symbolisé par leur divine Tetraktys. Le triangle quaternaire recrée l'unité par la *divine décade*. (fig. 2)

Il est particulièrement intéressant ici de souligner que le trois est devenu quatre, comme disait Marie la prophétesse, et que c'est dans cette image que l'on fait naître le dix 1+2+3+4 = 10, c'est-à-dire l'unité supérieure, l'unité conscientisée.

Un autre exemple de réunification de la matière quatre nous est donné par le travail alchimique. Travail dans lequel les quatre éléments (Terre, Eau, Air, Feu) sont les facteurs permettant les mutations successives de la *materia prima* symbolisée par le mercure primordial, ce mercure, par l'œuvre au noir, sera une première fois dissout dans l'eau de dissolution, l'eau de putréfaction (encore appelée le corbeau noir), une seconde fois dans l'œuvre au blanc qui correspond au sel (première coagulation de la double formule alchimique solve et coagula) et une troisième fois dans l'œuvre au rouge qui donnera naissance au soufre brûlant de l'eau ignée. C'est cette *Eau ignée*[6] qui fera naître le Mercure des philosophes, l'élixir de vie. Cette renaissance est souvent symbolisée par le mariage du roi et de la reine, mariage dont l'enfant est le *Rebis* c'est-à-dire le nouvel androgyne. L'androgyne est quinte essence, l'unité nouvelle de ce processus alchimique de réunification de l'être par la réunification de la matière. La réunification de l'homme, dans le quaternaire, est la conséquence, dans le domaine spirituel, de la réunification du Dieu par le *Fils-Verbe*.

Citons ici le texte important de R. Allendy[7].

« Par la succession de ses lettres (les lettres du Tétragramme) et par le redoublement du (Hé) le tétragramme montre clairement le passage du Ternaire au Quaternaire par dédoublement du second terme (Iod, Hé, Vav, Hé).

La deuxième personne de la Trinité, ou deuxième logos, présente, en effet, une nature double ; c'est l'Esprit-Matière, le Père-Mère, l'Homme-Dieu ; quand son aspect négatif, réceptif ou féminin est considéré comme formant une personne distincte on aboutit au Quaternaire sacré. Cette quatrième personne est désignée dans les mythologies et les religions par les noms d'Isis, Vierge céleste, Marie ou Maya, Mère universelle. »

Et ceci introduit la christologie dans le Quaternaire sacré puisque le Père, par l'Esprit, engendre le Fils en Marie, la Vierge (fig. 31).

---

6. Une quatrième phase est souvent citée, il s'agit de la *Citrinitas* : l'œuvre au jaune.
7. R. Allendy, op. cit., pp. 91-92.

Le quaternaire est christique, ou mieux, *christogonique*. Christogonie qui commence par un premier quaternaire, essentiellement divin celui-là : le Père, l'Esprit et ses deux Fils : Satan et Jésus (fig. 32).

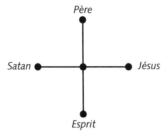

Fig. 32 : Le quaternaire divin

Ce quaternaire correspond à la gémellité créatrice de beaucoup de cosmogonies : Osiris-Seth, Caïn-Abel, Romulus-Remus, Castor-Pollux…, dans laquelle un des jumeaux doit mourir pour que l'autre puisse vivre et réunifier la matière (Jésus meurt pour sauver le monde dont le prince est Satan).

Dans la christologie, on peut dire que le couple Jean le Baptiste-Jean l'Evangéliste sont au début et à la fin du mystère rédempteur. Mystère que l'on peut également symboliser par la croix suivante (fig. 33) :

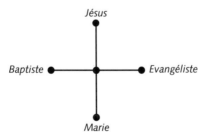

Fig. 33 : Le quaternaire christogonique

D'un solstice à l'autre, le Baptiste meurt pour céder la place à l'Evangéliste.

Et ceci introduit la quaternité maçonnique.

Car, au-delà des apparences, la maçonnerie est quaternaire.

La loge elle-même est orientée suivant les quatre directions de l'espace : Nord-Midi-Occident-Orient. Orientation doublement soulignée par l'organisation des lieux et surtout par le trajet de la lumière diurne et annuelle. Les travaux se font de Midi à Minuit d'une part, et d'un solstice à l'autre d'autre part. Nous retrouvons donc ici la quaternité de la lumière. Quaternité encore soulignée, si besoin était, par le pavé mosaïque et par les symboles du soleil et de la lune réunis dans l'Etoile. Mais c'est surtout dans le tableau de loge que la quaternité maçonnique se manifeste le plus clairement : par le *carré long*, dont la structure axiale nous conduit au centre, par les diagonales et la croix des quatre directions et des quatre portes, par le pavé mosaïque, par la pierre cubique et par les outils.

Cette introduction un peu longue sur la quaternité m'a semblé importante avant d'étudier le voyage dans les quatre éléments, voyage qui n'a de sens que dans la mesure où il nous fait prendre conscience du centre. Ce centre qui est d'abord dans la caverne de la terre, et qui ensuite se réfléchira dans l'eau de gestation, deviendra chaleur lumineuse dans le feu de purification.

La terre-caverne

La caverne telle que la conçoit R. Guénon est un centre-cœur et, dans ce sens, le candidat à l'initiation devra accorder les battements de son cœur à ce cœur-là. Ce cœur qui est centre de réflexion, ventre de résurrection nous réfléchissant au centre de nous-même. Mais la résurrection ou la réflexion présuppose la mort initiatique, mort qui est une descente vers le Nadir, vers le pôle le plus bas de l'*axis mundi*, le pôle du non-manifesté, le pôle de l'*œuf cosmique* qui contient la totalité du créé non encore actualisé. Cet œuf-caverne est aussi présent dans l'Œuvre alchimique, l'œuf couvé dans l'*athanor* par le feu de la quête, qui est le feu d'un cœur aimant. L'œuf cosmique est la caverne du temps et de toutes les mutations. La plus intéressante illustration de cet aspect de l'œuf cosmique nous est donnée par le dieu Phanès, ou Aïon, le dieu créateur des Orphiques, dont le nom signifie « le Manifesté ».

« C'est Phanès qui, une fois sorti de l'œuf, créera le ciel, la terre, le soleil, la lune. Au-dessus de la tête de Phanès, on remarque la moitié supérieure de l'œuf (le ciel) et, sous ses pieds, la moitié inférieure (la terre). Des flammes sortent de la coquille marquant la naissance concomittante du feu et de la lumière. Phanès est enlacé par le serpent cosmique. »[8]

Ce texte est un très bel exemple de cosmogonie de la quaternité en devenir (terre-eau-feu-air-lumière) *originée* par le serpent du temps cyclique. La totalité de la manifestation est ici représentée deux fois, une première fois par l'œuf et son contenu, et une seconde fois par le mandala entourant l'œuf de Phanès et dans lequel sont représentés les douze figures du Zodiaque. Il s'agit par conséquent d'une totalité non-manifestée entourée d'une totalité manifestée (par les symboles des destinées zodiacales). Mais ce qui est le plus fondamental dans cette

---

8. J. Lacarrière, *Le livre des Genèses*, pp. 19-24.

Fig. 34 : La 21ᵉ arcane du Tarot (Ed. Grimaud, Tarot de Marseille).

cosmogonie (comme dans beaucoup d'autres d'ailleurs) c'est la présence du serpent hélicoïdal (la spirale de la vie en puissance), le serpent qui entoure l'homme-arbre de la création pour lui révéler la voie de la lumière. Le serpent relie la terre et le ciel, le bas et le haut, par son corps dont les spires successives montent vers le pôle de conscience, qui, dans ce cas précis, se confond avec le sommet de la tête de l'homme-Phanès (l'homme androgyne). Ceci est également illustré par la chaîne de la conscience représentée par un sculpteur roman de la région de Rennes (probablement vers le Xe siècle). Ce très beau bas-relief évoque cette chaîne vitale qui relie l'arbre de vie au cœur de l'homme, en passant par le serpent, le fruit de l'arbre et la femme initiatrice (fig. 5).

Mais revenons à la caverne. Nous savons qu'elle est au centre de la terre que la terre est le temps, et que le temps est passage des ténèbres (du bas) vers la lumière (du haut). Autrement dit, la sortie du temps est l'ultime lumière, et si cette sortie du temps est vraiment la seule chose qui importe, alors le dieu Phanès nous en indique le chemin. La sortie de la caverne temporelle est verticale, le long de l'*axis mundi*, et conditionnée par la montée de la conscience qui est amour de l'autre (le cœur d'Adam dans le bas-relief roman). A chaque mort et à chaque naissance correspond une spire de la spirale serpentiforme. Leur nombre dépendra de notre désir et de notre volonté à transmuter notre matière en esprit.

Pour conclure cette méditation sur la caverne[9], superposons au mandala de Phanès celui du Monde, vingt et unième arcane du Tarot (fig.34).

---

9. J. Behaeghel, *Les grands symboles de l'humanité* : l'œuf cosmique, l'arbre, le serpent, la quaternité…

Le mandala ici est fait des lauriers de la victoire avec, en son centre, l'initié réunifié (il s'agit du nouvel androgyne, le nouvel Adam). Le Zodiaque de Phanès est remplacé par les quatre Vivants de l'Apocalypse, c'est-à-dire par une quaternité angélisée, verticalisée. Le serpent a disparu, à moins qu'il ne soit caché (ouroboros) dans le feuillage du mandala divin, qui remplace définitivement l'arbre de la connaissance du temps par l'arbre de la conscience et de la vie éternelle. Le serpent invisible, ce serpent qui s'est dévoré le corps pour que seul subsiste l'esprit, ce serpent invisible est la preuve que le temps n'existe plus et que la grande mutation cosmique a eu lieu.

Fig. 35 : Le dragon héraldique (Armoiries des Visconti-Sforza) enfantant l'enfant-Verbe.

De la caverne au cœur, il n'y a qu'un serpent, le serpent de la guivre héraldique (fig. 35) qui recrache l'homme enfant, recréé, régénéré, ressuscité (l'Enfant-Verbe).

L'eau de gestation

Selon la Tradition, l'eau est à l'Occident, elle est nocturne et lunaire, elle est aussi associée à la couleur verte, la couleur de la mort et de la résurrection (Osiris était un dieu vert).

L'eau annonce donc une nouvelle naissance, une régénération ou plutôt une mutation importante.

Le Christ est réellement né (sa seconde naissance) dans le Jourdain, par le baptême de Jean-le-Baptiste. C'est à ce moment de son existence mythique qu'il est sorti de l'eau (comme le héros babylonien Oannès[10]) pour aller vers les hommes et leur apporter la lumière (d'une nouvelle conscience). C'est dans l'eau du Jourdain que Jésus est devenu le Fils du Père, c'est-à-dire triunitaire, ou l'homme-Dieu. On peut donc parler de mutation essentielle.

L'eau que reçoit le candidat à l'initiation est également une eau de gestation-mutation. C'est l'eau du nouvel enfantement, et c'est dans cette eau que l'initiable découvrira pour la première fois son nouveau visage. Le visage qui n'est plus celui de la chair mais celui de l'âme. Le visage de lumière. Ceci n'a rien d'exceptionnel puisque l'eau est miroir et que c'est dans ce miroir que l'homme se mire, soit pour y voir le temps qui passe, le temps mortel du cycle, soit pour y soulever le voile de son devenir éternel, pour voir de l'autre côté du miroir. Car si l'eau est régénération, elle est d'abord et avant tout une dissolution dans la mort volontaire. Osiris meurt une première fois dans le Nil avant de ressusciter, bien plus tard, dans la vision d'amour d'Isis et de son fils Horus. Si Jésus commence sa vraie vie dans le Jourdain, cela veut dire qu'il y meurt à sa vie terrestre. La première mort du Christ a lieu dans les eaux du Jourdain. C'est la mort de l'eau, la mort horizontale précédant toujours la mort sur l'axe du monde, la mort cruciforme, la mort de la verticalisation définitive de l'être.

L'eau est donc d'abord une mort initiatrice.

Après sa mort dans la terre, l'initiable poursuit sa quête par une seconde mort dans l'eau primordiale, car c'est au

---

10. Oannès sort de l'océan initial pour apporter la connaissance et la civilisation à l'humanité. Il s'inscrit dans la lignée des dieux-poissons.

fond de ces eaux hantées par les monstres des abysses que Gilgamesh a trouvé la plante d'immortalité. Après de multiples épreuvres, il a réussi à sortir des eaux virtuellement immortel puisqu'il avait réussi à cueillir la plante magique. Mais ses épreuves n'étaient pas terminées. Terrassé par tant d'efforts, il s'est endormi à proximité de la fontaine d'eau vive, il s'est endormi et le serpent du temps lui a volé la plante... L'endormissement nous guette tous. Tous nous serons mangés par le poisson de la nuit liquide car l'eau du baptême est amère et sombre et le poisson ne recrache sa victime qu'à la condition que celle-ci se soit *convertie* à l'esprit. Le baptême est avant tout une conversion, un retournement, une transmutation.

Rappelons que les quatre éléments de l'initiation sont des éléments de mort et de résurrection.

Le feu de purification

Le feu qui succède à l'eau de mutation est un feu qui calcine. Le feu qui réunifie l'être dispersé dans les vains questionnements du « paraître ». Suis-je le plus beau, suis-je le plus fort, le plus intelligent, le plus riche... ? Le feu brûle nos vains petits « moi », nos vains désirs. Le feu de l'arbre, ou de la caverne, est un feu multiplicateur, c'est un feu à transmettre dans et par la substance, c'est aussi un feu à protéger. On pourrait presque parler ici d'un feu horizontal, un feu de sacrifice et de cuisson de l'aliment. L'aliment mortel de l'homme de chair ; celui qui le mange meurt à son tour.

Le feu de purification contient en lui la source de lumière, cette flamme blanche de l'invisible. Mais il faut mourir dans ce feu, il faut accepter de brûler pour l'autre, pour éclairer sa nuit. Brûler pour l'autre afin qu'il vive dans la lumière du symbole. Ce symbole qui est feu de conscience brûle le temps et fait apparaître l'imputrescible, l'inaltérable.

L'œuvre au rouge de l'alchimiste est un feu de mort volontaire, mort à la dualité du masculin et du féminin, du passé et du futur ; mourir à la dualité pour rassembler nos membres épars et les faire « un » dans la verticale que la flamme matérialise.

Le feu de purification n'est pas un feu qui efface une faute mais bien un feu qui comble un manque. Ce manque est absence de l'être, absence de l'autre, de l'Anonyme, de celui dont nous ne connaissons pas le visage, mais que nous retrouverons dans le Frère.

L'autre est celui que nous devons devenir en nous trempant, comme l'acier, dans la flamme régénératrice. Le feu nous fait devenir, il nous verticalise dans l'universel, après nous avoir incinéré dans le temporel. Il nous élève dans l'invisible. Brûler c'est aussi devenir invisible, noire lumière de l'intemporalité et de l'éternité.

Brûler c'est éclairer… C'est devenir l'Hermite du Tarot, ce solitaire errant qui extrait la lumière de son cœur pour l'offrir au monde. Brûler pour l'autre, tel est le rôle de l'initié. C'est devenir ténèbre, noirceur, transparence, afin que les autres puissent voir la lumière. L'amour va jusque là, l'amour est un feu à transmettre, disait Bachelard.

Le feu purificateur n'a pas d'autre sens. C'est le sens du sacrifice, le sens du sacré. Le feu transforme le profane en sacré. Le feu transforme le lourd en léger, le temporel en intemporel, l'éphémère en éternel. Le feu qui brûle au centre de notre matérialité, au centre de notre pôle (le Nadir) des profondeurs, ce feu-là nous purifie de la mort. La mort s'éteint dans la flamme de la Vierge dans le sein de laquelle nous devons renaître. Isis brûlait l'enfant de la reine de Byblos pour le rendre immortel. Nous sommes tous les enfants d'Isis, les enfants de cette veuve-vierge qui brûle ses enfants en leur ouvrant son cœur. Le cœur aimant est un cœur brûlant.

Lorsque le serpent devient vertical, il devient flamme de la vision, œil du Dieu, ange de lumière.

L'air de conscience

Le quatrième élément du voyage initiatique est l'air qui est à la fois souffle du verbe et légèreté des hauteurs, ces hauteurs où la conscience devient connaissance.

Le candidat à l'initiation pérégrine à l'intérieur de la caverne, il pérégrine en montant un étroit sentier hélicoïdal, le long des parois humides des profondeurs. Mais il sait qu'il monte, qu'il s'élève ; il voit au sommet de la grotte un point de lumière. Il sait qu'il est à l'intérieur de la montagne... Ses pieds ne foulent plus le sol bourbeux de la caverne, il est entre deux mondes. Pour la première fois, son oreille perçoit un son, une parole, un nom. Il sait que ce nom est son nouveau nom, son nom d'initié, et soudain il se sent léger, et libre, et aérien. Une joie immense l'inonde et cette « joie aérienne est liberté »[11]. Son voyage devient vertical.

---

11. G. Bachelard, *L'air et les songes*, p. 156.

Il se sent comme porté par l'aile, l'aile du vent, l'aile de l'ange, l'aile de son imagination *créatrice*. « L'aile a donné un nom au symbole. »[12]

Il ne marche plus le long de la paroi, il tombe verticalement vers le haut. Son être n'est plus que jeunesse et légèreté, commencement du monde. Il sait qu'il vole parce qu'il aime. Aimer c'est voler, se dit-il. Sa chute vers le haut correspond à l'inversion du monde car le haut est comme le bas. Et l'homme, dans son initiation, imagine le dôme, le sommet, la lumière. Il imagine son voyage, sur l'aile du non-temps, emporté par la force de l'amour, il imagine son vol de liberté retrouvée.

Il est convaincu maintenant qu'il est légèreté et qu'il retourne à la légèreté. Il comprend enfin la psychostasie des âmes de l'Egypte ancienne. Il comprend pourquoi Anubis, suivant en cela les ordres de Thot, dépose dans un plateau de la balance le cœur du nouveau vivant et dans l'autre la *plume* de Maât. Le cœur du nouveau vivant devient aussi léger que la conscience ailée de Maât. « Tant de matière, tant d'esprit », lui souffle Anubis. Et moi je souris, je suis dans la joie, je vole vers mon centre-pôle. Je sors de la caverne-montagne par le dôme de lumière et je m'envole vers mon devenir de lumière.

Je sais maintenant que le vrai voyage peut commencer.

---

12. *Ibid.*, p. 83.

Chapitre 12

LE RITUEL (VERBE, PRIÈRE ET GESTE)

Comme le nombre, le son sacré est créateur. Beaucoup de cosmogonies sont des cosmogonies du son dans lesquelles le symbolisme du verbal prend toute son ampleur.

Au commencement, Dieu *dit* le monde, et le monde *est*. L'être est associé au verbe divin. C'est pourquoi le nom a une telle importance dans toute la tradition ésotérique et principalement cabbalistique. Donner un nom, nommer, c'est appeler à l'existence, et dans l'initiation, le nouveau nom symbolise la nouvelle vie, la mort et la résurrection de l'initié, du nouveau vivant. Et lorsque le nom est prononcé, l'initié le grave dans la pierre afin d'imprégner la création de son esprit, à l'exemple des «mantras bouddhistes gravés sur les grosses pierres qui bordent les chemins »[1] ou de l'Adam de la *Genèse* biblique qui appelle les animaux à l'existence en leur donnant un nom. « L'homme appela de leur nom tous les bestiaux, les oiseaux du ciel et toutes les bêtes des champs... »[2]

---
1. J. Blofeld, *Les Mantras*, p. 52.
2. *Genèse*, 2, 20. Le fait, pour l'homme, d'appeler les animaux par leur nom pourrait préfigurer l'évolution du cycle vivant.

Le nom sacré divinise, c'est la raison pour laquelle le moine, en entrant au monastère, abandonne son nom profane pour recevoir un nouveau nom (quelquefois le prénom), un nom de religion.

Dans toutes les traditions qui créent le rituel, celui-ci est la combinaison de plusieurs éléments symboliques qui, réunis, permettent au symbole de se manifester, d'agir sur l'esprit de l'initié. Le symbole agira par l'action combinée de la parole, du son, des signes et de la position du corps. Tout l'être se mobilise pour se régénérer.

Le rituel est donc association de la parole et du geste, et c'est pourquoi au début le rituel est d'abord une prière, prière pour chanter la création et l'acte créateur ou prière pour recevoir la puissance du ciel et favoriser la maturation de la terre ou recevoir la force de guérir.

« Façonnez-nous, pour le sacrifice, une force vitale [...] pour l'énergie une force bien génératrice [...] conférer à notre troupe guerrière la vigueur d'Indra »[3]

La force du sacrifice est la force du prêtre-pontifex, qui établit le lien, le pont, entre le Ciel et la Terre. La force génératrice est à la fois celle du cultivateur (les fruits de la terre) et celle de la femme (les enfants), enfin la force guerrière est celle du soldat défenseur de la cité et conquérant de nouveaux territoires. La parole-prière est, dans la plupart des religions, cette supplique fondamentale : « Seigneur, donnez-moi le pain, le vin, l'enfant et la victoire »

Il s'agit de la prière primitive de l'homme nu face à une nature hostile et indomptable. Le sage et l'initié sa-

---

3. Prière de Rig Veda I, III, relatée par Dumezil dans *Les dieux souverains des Indo-Européens*, pp. 218-219.

vent, eux, que la parole-prière est un état de contemplation qui consiste, pour l'être, à se faire réceptacle, réceptacle pour recevoir la lumière et devenir ainsi partie intégrante de la conscience pure et universelle. La parole sacrée, dans le rituel, est l'attente d'une révélation. Révélation de son centre dans le silence de la méditation-contemplation.

Gilbert Durand estime que « tout geste appelle sa matière et cherche son outil… »[4] Remarquable raccourci symbolique. Le geste qui crée son outil est précisément au centre du rituel maçonnique. Le geste crée son outil et l'outil révèle son symbole. Dans un même ordre d'idée, on pourrait affirmer que le geste agressif crée l'arme, que le geste d'accueil crée la coupe et le vase (symbole d'amour et de fraternité), que le geste répétitif crée le rythme du temps mais aussi le rythme du rituel. Que les gestes de l'artiste et de l'architecte créent la beauté de la toile et le plan du temple… Enfin et surtout que le geste d'adoration (contemplation du sacré) crée la parole-prière, cette parole qui fait éclore l'esprit de lumière dans la matière. Le geste est la main et la main est l'outil de l'esprit.

La main, avant que d'être la nôtre, est celle du créateur, le Grand Architecte, « qui a pétri et continue de pétrir les matières du visible, et tantôt les serre et les durcit dans son poing, tantôt les brise en miettes et les fait couler liquides entre ses doigts, tantôt encore les caresse et les fait briller […] Le secret de l'art alchimique et de toute sagesse était déjà contenu dans la capacité de pressentir avec exaltation cette main diligente, invisible aux distraits et aux tristes. »[5]

---

4. G. Durand, *Les structures anthropologiques de l'imaginaire*, p. 39.
5. A. Aromatico, *Alchimie, le grand secret*, p. 72.

Tel est le travail du Maçon : pétrir la matière pour la recréer dans le cadre du plan. Ce plan que nous révèle notre centre.

C'est bien pourquoi il devra, comme le derviche, tourner sur lui-même et autour de la loge, tourner pour devenir sphère parmi les sphères, se prosterner comme le Cistercien qui devient terre et horizontalité pour mieux recevoir la verticalité lumineuse du pôle. L'horizontalité consciente du corps appelle l'illumination de la verticalité du Dieu. De même, revivre le symbole de la croix en devenant croix vivante, c'est recevoir en soi les quatre directions de l'espace et de toute la durée du temps en vue de les transcender dans le centre cinq de l'homme divinisé, spiritualisé.

Le geste est une prière du corps en vue d'intégrer celui-ci dans le plan de l'Architecte, dans le plan du temple. Le corps doit devenir le temple. La parole-prière, la parole symbolique, ne sert qu'à cela. Faire du corps le temple de l'esprit.

Et dans cette optique, le geste de prière sera à la fois un geste de créateur (le geste du constructeur) et un geste d'amour car créer c'est aimer.

En participant au rituel sacré on peut dire que le corps participe à la transmutation de l'âme.

La prière des mains est une prière de bénédiction, de partage et de réunion ; les mains jointes pour faire le deux un. Ou encore, comme le Cistercien, le triangle horizontal (obtenu à l'aide des deux pouces et des deux index joints) pour symboliser le pain, et le même triangle vertical pour signifier Dieu. Dans le symbole, le pain de la terre devient le pain céleste.

La prière de la tête est une prière d'écoute, de louange, de contemplation et d'humilité (la tête baissée).

La prière du bras est une prière d'accueil, de fraternité et de participation (les bras en croix, les bras tendus, l'étreinte et l'accolade).

La prière du buste est une prière d'adoration, de respect, de soumission (le salut du buste est l'attente de l'autre).

La prière des jambes est à la fois cosmogonique (les pas du créateur, de Pharaon, de Bouddha ou de Vishnou...) et de serment (les genoux pliés).
La prière du corps prosterné ou en position fœtale est une prière de renaissance, de mort et de résurrection.

Chaque religion, chaque initiation, a ses propres gestes de prière et de contemplation et il serait impossible ici de les analyser tous. Quelques exemples suffiront à illustrer notre propos.

Par la bénédiction, le prêtre *fait saint*, il sanctifie celui qui la reçoit et les objets, les substances ou les édifices bénis. Le signe de la croix du chrétien sanctifie celui qui le fait en l'introduisant dans le corps mystique du Christ que représente l'Eglise.

Le musulman commence sa prière en se touchant les yeux et les oreilles pour signifier sa volonté d'écoute et de vision de l'invisible. Il se prosterne ensuite pour être sanctifié tout entier par la miséricorde d'Allah. Lors de son pélerinage à La Mecque (la ville sacrée), il fera sept fois le tour de la Ka'Ba (la pierre céleste) pour recréer le monde dans l'ordre divin et se fondre en son centre. La circumambulation est une marche vers le centre de conscience. Pensons aux labyrinthes des cathédrales gothiques, qui permettaient aux pèlerins de rejoindre, dans le labyrinthe, le centre de la Chrétienté, la ville sacrée : Jérusalem (tombeau du Christ).

Le shintoïste frappe dans ses mains, à l'entrée du temple, pour se couper du monde extérieur et pour avertir la divinité de sa présence, c'est-à-dire de sa disponibilité à la recevoir...

En Maçonnerie, le Maçon se tourne vers l'Orient, symbole de lumière, d'ordre et de sagesse.[6]

Le geste de prière est donc aussi une « sortie du temps » par l'attitude qui convient.

A ce sujet, la position corporelle du yoga représente probablement la plus intéressante conjonction du geste et de l'initiation « au présent éternel ». M. Eliade, dans son livre *Le Yoga : immortalité et liberté*, en résume toute la portée.[7]

L'idéal du Yoga est de vivre dans un éternel présent, en dehors du temps. Le « libéré dans la vie » ne jouit plus d'une conscience personnelle, c'est-à-dire alimentée par sa propre histoire, mais d'une conscience-témoin, qui est lucidité et spontanéité pures. Nous n'essaierons pas de décrire cet état paradoxal : aussi bien, obtenu par la « mort » à la condition humaine et la renaissance à un mode de vie d'être transcendant, il est irréductible à nos catégories. Soulignons néanmoins un fait, d'intérêt plutôt

---

6. Cfr. *infra* dans le même chapitre.
7. M. Eliade, *Yoga, immortalité et liberté*, p. 359.

historique : le Yoga reprend et prolonge le symbolisme immémorial de l'initiation ; en d'autres termes, il s'intègre dans une tradition universelle de l'histoire religieuse de l'humanité : celle qui consiste à anticiper la mort pour s'assurer la re-naissance dans une vie sanctifiée, c'est-à-dire réelle par l'incorporation du sacré. »

Ce texte qui définit l'idéal du yoga pourrait tout aussi bien servir à définir l'idéal du Maçon. Lui aussi tente d'anticiper la mort pour s'assurer la re-naissance dans une vie sanctifiée ou l'incorporation du sacré. Le geste du yogi a pour objectif premier de l'insérer dans l'universel en le faisant devenir successivement chacun des éléments du créé (astres, animaux, plantes, minéraux...). La pose de *l'arbre* est une pose d'équilibre ; or équilibrer les deux côtés de notre corps revient à équilibrer toutes les dualités du cycle temporel. La pose du *diamant* est une pose de réceptivité (à genoux sur les talons les mains en coupe) ; la pose de la *charrue* rappelle l'outil du même nom, outil cosmogonique par excellence ; le premier sillon correspond à la fondation de la ville par pénétration de la terre-Mère par l'esprit-Père. La pose du *lotus* est celle de la méditation et de l'unification du moi (le lotus est la fleur solaire qui correspond, dans la tradition occidentale, à la rose). La *salutation au soleil* ouvre et ferme le corps à l'astre de vie...

Les autres poses peuvent également se comparer au totémisme indien : l'être y devient l'animal-symbole (l'oiseau, le paon, le serpent, le chat, la tortue, le lion, le chameau, le poisson, la vache) ainsi que les éléments correspondants : le poisson-eau, le serpent-terre, le lion-feu et l'oiseau-air.

Le geste, l'attitude du corps, est donc prière de transmutation, prière de devenir et, de ce fait, la relation *prière* -

geste - initiation va de soi. Et c'est cette relation que le Maçon vit et revit chaque fois dans le rituel. « *Le rituel est une nouvelle naissance.* »[8] Analysons certains de nos gestes, à la lumière de notre méditation sur le geste-prière.

Mais auparavant insistons sur un autre aspect du rituel, celui de la symbolique vocale. A l'exemple du moine chantant les psaumes sept fois par jour et répétant cette même liturgie année après année, le Maçon, à chaque tenue, répétera l'ouverture et la fermeture de ses travaux par les mêmes paroles et les mêmes gestes. Il ouvrira et fermera son espace pour créer l'inter-temps sacré qui le propulsera dans l'espace symbolique.

La répétition d'un même rituel est une des façons précisément qui lui permet de sortir du temps. Répéter le mantra, le mot, le dialogue (questions et réponses des officiers dignitaires) « permet à l'esprit d'atteindre cet état situé au-delà de la pensée conceptuelle. »[9] Ceci ne veut pas dire qu'il est interdit de réfléchir à la signification des phrases du rituel ; mais cette démarche de compréhension méditation est très différente de celle qui consiste à se laisser porter par la vague sonore du récitatif jusqu'à ne plus en distinguer le sens, se laisser porter au-delà des mots vers ce chant des hauteurs qui caractérise certaines phrases musicales de J.S. Bach ou certaines répétitions chromatiques de Giotto. La phrase grégorienne illustre particulièrement bien cette modulation du texte en fonction de la répétition indéfinie de la ponctuation.

Répéter le rituel pour changer d'état et changer de temps, voilà la réalité paradoxale de la symbolique vocale.

---

8. P. Dangle, *Le livre de l'Apprenti*, p. 35.
9. J. Blofeld, *op. cit.*, p. 38.

Revenons au geste.

Nous disions en commençant ce chapitre que G. Durand estimait que « tout geste cherche son outil », et ceci est particulièrement vrai dans la symbolique maçonnique. Nos outils prolongent nos gestes afin que le symbole agisse. Nos outils sont des outils d'initiation et donc de prière, dans l'esprit où nous entendons la prière (associée au geste).

L'horizontale et la verticale symbolisées par le niveau et la perpendiculaire nous rappellent le symbole de la croix dans lequel la verticale-esprit anime et régénère l'horizontale-matière. Il s'agit de la rencontre de l'invisible et du visible, de l'infini et du fini.

La verticale est ciel, axe, pôle, sommet de la spirale et sommet de la montagne ; unité retrouvée par la fusion du bas et du haut, de l'eau et du feu, la fusion des contraires. Le pain horizontal du Cistercien devient son Dieu vertical.

L'horizontale : est terre, ou carré, carré ou croix, croix dont le centre (le nombre cinq) contient en devenir l'axe du monde, l'échelle ou l'arbre sacré ; l'échelle vers l'invisible… Le centre cinq symbolise le nombre de l'homme régénéré, l'homme recréé, l'homme étoile dont l'androgyne alchimique est l'image. Les nombres deux et trois s'additionnent pour originer l'humain spiritualisé, ou se multiplient pour susciter le divin incarné (par le $2 \times 3 = 6$).

Le signe de l'Apprenti se fait par horizontale et verticale afin de lui rappeler à chaque fois que son voyage est initiatique.

Le geste de fidélité : la main sur le cœur, réunit deux grands symboles corporels : la main qui trace le plan et construit le temple. La main qui donne et qui est prolongement de l'esprit et du cœur. Le cœur, centre symbolique de l'âme et de l'amour, est le symbole par excellence, la coupe de vie, le centre de conscience. Le cœur bat le rythme de la vie et du temps humain, il est l'horloge universelle. Ses battements rappellent les battements de l'enclume du grand forgeron mythique : Tubalcaïn (Vulcain-Hephaïstos). Celui qui sort les cœurs, rouges de feu, de l'athanor cosmique. Cœurs de dieux, cœurs d'hommes. Il est celui qui arrache le feu au soleil pour le donner à l'enfant d'homme, celui qui accorde les battements du temporel à ceux de l'intemporel.

Le geste d'ordre : ordre cosmique de l'équerre invisible. Ordre de l'architecte inconnu qui trace dans le cosmos de grands signes de croix pour créer tous les possibles de la vision, pour faire germer, à chaque intersection de chaque croix, l'épi de blé du pain sacré. Cet épi de la multiplication du créé, multiplication d'étoiles, multiplication de soleils, de terres et d'eaux, multiplication d'hommes et de femmes, multiplication d'âmes et de connaissances. La germination d'un ordre universel, vers le haut et vers le bas, des ténèbres à la lumière, de l'infini à l'un. Le signe de l'ordre carré, qui coupe le cercle en son centre, en deux, en quatre, afin que le cercle devienne croix et que la croix tourne et engendre la spirale. Et que l'outil profane devienne creux divin, angle du temple divin.

Le geste de l'épée : les bras tendus vers l'autre créent l'épée. L'épée qui tue ou celle qui protège ? L'épée que le candidat voit pointer vers lui est celle de l'engagement de ses frères. Elle devient le fil d'acier qui le relie dorénavant à la chaîne initiatique. C'est l'épée qui tue le profane en nous, c'est l'épée de lumière, celle qui fait naître l'éclair de conscience, l'éclair de re-naissance.

L'épée-bras nous ouvre la porte du nouveau royaume, elle remplace l'épée de l'ange de l'exil. Mais sa lame est fine, aussi fine que la fente de lumière qui sépare le temps du non-temps, cet éternel présent de notre extase.

Le signe du maillet et de la batterie : battre des mains, rythmiquement, c'est créer le marteau ou le maillet, c'est créer le tambour ou le gong, c'est créer la musique et la danse.

Créer le son c'est refaire le geste créateur. Rappelons-nous le shintoïste qui frappe dans ses mains pour signaler sa présence au dieu et sortir du temps profane. En Corée et au Japon, les cloches (ou gongs) de tous les temples sonnent 36 ou 108 coups[10] à la fin de l'année pour supprimer tous les conditionnements de l'année écoulée, et permettre ainsi à l'homme d'entrer dans la nouvelle année complètement détaché de l'ancien monde. Le marteau de vie ou de mort du grand dieu scandinave Thor crée et détruit tous les mondes, visibles et invisibles. Le marteau est aussi le symbole de la foudre, ce feu du ciel qui inscrit dans la matière inconsciente l'esprit du Dieu, le marteau qui divinise ce qu'il touche.

Le son, la vibration du maillet nous fait sortir du temps et nous fait entrer dans le monde d'avant, cet *illo tempore* de tous les commencements. Le maillet frappe trois fois et le Maçon recrée le monde, le monde de l'harmonie, de la beauté et de la sagesse ; la cosmogonie éternelle. Chaque fois que le Maçon veut retourner le sens du temps, chaque fois qu'il veut briser le cycle de l'éternel

---

10. Les nombres 36 ou 108 sont des nombres de totalité, de fin de cycle (3 + 6 = 9 ; 1 + 8 = 9…). Le nombre en neuf des Chinois symbolise la totalité finie de la manifestation.

retour, chaque fois qu'il veut que s'écroule le château des apparences, il frappe trois fois dans ses mains, et la *batterie* de ses mains fait tomber la foudre et tout devient autre. Tout est un ; l'arbre et l'oiseau, l'océan et la montagne, l'homme et la femme... Tout devient léger et lumineux. L'homme devient ange et l'ange prend son envol vers le très-haut, vers le pôle de l'axe. Et tandis qu'il s'élève, un chœur céleste chante et acclame « vivat, vivat, semper vivat ».
Le maillet frappe et le temps bascule.

Le geste de l'union : la chaîne d'union recrée l'unité du monde, l'unité de l'être. Qu'un seul chaînon faiblisse et la chaîne tremble, car tout est en tout. Chaque frère est responsable de tous les autres, chacun est responsable du monde ;
La chaîne d'union est celle de la vie totale. Elle est ce cercle infini et éternel dont la circonférence est plus grande que l'univers et dont le centre est plus dense que tous les infinis rassemblés.
Ouroboros alchimique, elle est l'*athanor* de la loge, le cercle magique de transmutation, le cercle infranchissable par le non-initié, c'est-à-dire par celui qui n'est pas retourné au commencement, celui qui n'est pas retourné dans le ventre de sa mère, pour vivre sa seconde naissance.
Les mains s'unissent pour former cette chaîne, pour recréer le geste de la totalité, le cercle, ce puissant symbole de tous les contenants, le contenant de tous les contenus. La chaîne d'union est le signe du centre. Ce centre vide dans lequel tout devient visible. Centre du geste - prière - mutation.

La circumambulation représente, avec les trois pas de l'Apprenti, le geste de tout le corps « en marche » vers son centre. Faire le tour de la loge d'Occident en Orient et d'Orient en Occident, en passant par le Septentrion et le Midi, c'est tourner autour du centre du tableau pour devenir axe du monde. La circumambulation est verticalisation, élévation. Elle sera en fin de parcours angélomorphose. L'initié, emporté par la spirale centripète, rejoindra le pôle d'illumination. La circumambulation équivaut à passer du carré au cercle dans la spirale du temps pour spiritualiser notre matière en la « centrant », en la conscientisant. Le voyage de l'initié est à la fois un voyage du carré au cercle et de l'Occident vers l'Orient. C'est un voyage cruciforme suivant les quatre bras de la croix. C'est aussi, comme l'appelle C.G. Jung, « *le voyage sur la mer de nuit* »[11] au cours duquel l'initié est mangé par le poisson des profondeurs, le dragon de la mer. C'est le voyage périlleux vers la lumière. Voyage périlleux mais indispensable ; c'est dans le ventre de la Baleine que Jonas trouve « sa lumière ».[12] Le voyage cruciforme dans la nuit du temps conduit au centre du cercle et le centre du cercle, par circumambulation, est la porte verticale, la porte du pôle. La circumambulation est la symbolique gestuelle de l'axis mundi. C'est en suivant le

---

11. C.G. Jung, *Psychologie et alchimie*, pp. 424-429.
12. C.G. Jung, *Métamorphoses de l'âme et ses symboles*, p. 354. Jung cite Frobenios et reproduit le schéma du voyage. « Un héros est englouti à l'ouest par un montre des eaux. L'animal va vers lui vers l'est (traversée). Entre temps le héros allume un feu dans le ventre du monstre et il lui coupe, parce qu'il a faim, un morceau du cœur... »

Schéma

	Ouest ⟶	Est
Engloutissement	Randonnée de l'ouest vers l'est dans la mer (le héros allume un feu ou découpe un morceau de cœur)	grande chaleur - perte de cheveux - atterrissage - ouverture - sortie

trajet du cercle que l'on devient roue, et la roue est un symbole solaire, symbole du centre vide et lumineux du monde.

La symbolique gestuelle et vocale, par le trait et l'outil, s'inscrit parfaitement dans la cosmogonie du Maçon, dont l'objectif est de transmuter sa matière et celle du monde en participant directement au mythe. C'est le geste mythique qui le fait sortir du temps en lui ouvrant les portes du temple.

C'est par Beauté, Force et Sagesse qu'il réorganise la création en entrant, avec l'ange, dans le cube lumineux de la Jérusalem nouvelle.

Chapitre 13

RASSEMBLER CE QUI EST ÉPARS

La multiplicité du monde nous déchire et nous éparpille dans les circonvolutions entropiques de la matière insensée, c'est-à-dire de la matière non dirigée, non axée dans le sens de la montée de la conscience. Mais il n'y a aucune commune mesure entre cet éparpillement-là et le démembrement de l'initié acceptant librement la mort initiatique. Le démembrement en question est celui d'Osiris qui, coupé en quatorze morceaux, *se répand* dans le créé pour lui insuffler son esprit, c'est la crucifixion du Christ qui, par son incarnation, accepte la volonté du Père... Et la volonté du Père n'est pas la mort du Fils mais bien la mort de l'ignorance, de l'inconscience, de la non-lumière.

La Mort du Tarot rassemble, dans sa faux, les morceaux de l'être de chair pour en faire un être de lumière, la mort initiatique est lumière. Le démembrement est volontaire, il est une descente en enfer. Cette *dissolution* de l'être est difficile à accepter même si tous les initiés du monde et tous les mystiques nous ont tous dit que c'était la seule voie. Il nous faut mourir pour vivre à la réalité essentielle, celle que nos yeux de myope ne voient pas.

Cette conversion-là se fera par le *nombre trois*,[1] par les trois grandes lumières de la Maçonnerie : les trois Maîtres de la loge, la règle, l'équerre et le compas, les trois astres symboliques, mais surtout par les trois mots de lumière que le Maçon répétera chaque fois avec ses frères : Beauté, Force et Sagesse. Trois mots qui illuminent notre nuit.

La Beauté est la Force du Sage.

Dans la symbolique maçonnique, l'étoile est associée au Maître de la loge et à la Sagesse, le soleil au premier Surveillant et à la Force, et la lune au second Surveillant et à la Beauté. Au centre de ce triangle de lumière se trouve le Nord du tombeau (le Jugement) et de la mort initiatique (fig. 37).[2]

---

1. Le rassemblement de ce qui est épars peut aussi se réaliser par la géométrie symbolique. L'insertion du triangle dans le carré est une première façon de recréer l'androgyne qui correspond au nombre sept ou à l'étoile alchimique à sept branches.
Le triangle pythagoricien de la divine Tetraktys est une autre façon permettant de rassembler les quatre éléments du créé dans l'unité (dix) de l'esprit créateur (fig. 2).

- •   Esprit créateur (feu)
- • •   matière, dualité (Air)
- • • •   Eau (union de l'esprit et de la matière)
- • • • • Terre (manifestation du créé)

Une troisième voie de réunification est celle de la tradition védique (par le point Bindu) et alchimique par la superposition des quatres triangles des éléments pour constituer l'étoile à six branches.
Rappelons aussi que le carré long définit le *centre d'union* par le croisement de ses deux diagonales.
2. J. Behaeghel, *Le Tarot du Fou*. Dans ce livre, j'ai considéré que les quatres portes du Tarot sont respectivement le Jugement (20ᵉ arcane), le Soleil (19ᵉ arcane), la Lune (18ᵉ arcane) et l'Etoile (17ᵉ arcane) - Fig. 36.

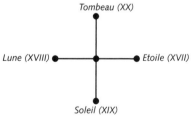

Fig. 36 : Les quatre portes du Tarot.

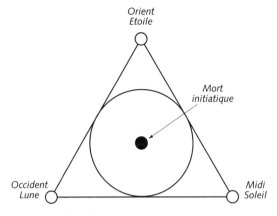

Fig. 37 : La triade maçonnique.

N'oublions pas que le trois contient le quatre et l'unité cosmique, la divine décade pythagoricienne. D'autre part, l'Etoile du Tarot[3] est personnifiée par une jeune fille entièrement nue. Ce qui signifie que c'est dépouillé de notre écorce terrestre et de tous nos métaux que nous recevrons la lumière. Enfin la Séphira cachée de l'arbre des Séphiroth est Daat : la Connaissance-Conscience.[4] C'est donc la mort initiatique qui nous donne accès à la connaissance et à la conscience pure.

Puisque la coupe-matrice *Beauté - Force -Sagesse* engendre la connaissance, il nous semble important de tenter de mieux définir chacune de ces *trois grandes* lumières.

Nous l'avons dit, la *Beauté* est le centre, le cœur rayonnant de l'arbre des Séphiroth. Elle est associée à la Lune, à sa créativité, à sa féminine fécondité et à son pouvoir initiatique. La Lune est l'astre de la nuit, reflet du Soleil et miroir de tous les devenirs. Berceau de toutes les naissances, tombeau de toutes les morts et surtout lumière de

---
3. J. Behaeghel, *Ibid.*, pp. 211-213.
4. Daat qui est située sur le même axe central que la Lumière (Kether), la Beauté (Tepheret), la Fondation (Yesod) et le Royaume (Malkut).

toutes les résurrections. On voit donc l'importance symbolique de la Beauté lunaire. Mais attention, la lune est double, elle est lune noire et lune blanche. Elle oblige l'initié à faire « *le voyage sur la mer de la nuit* »[5] , le voyage dans les profondeurs du monde obscur, dont le but est précisément la résurrection et le triomphe sur la mort.

On pourrait dire avec la Sulamite du *Cantique des Cantiques* que la Lune est belle *parce qu'elle est noire.*[6] Elle est noire parce qu'elle est brûlée par le soleil... Le soleil est l'astre de purification-calcination.

La Lune est une Beauté qui brûle et son feu est le feu transmutateur de l'athanor alchimique. La Beauté dont nous parle le rituel est exigeante, elle implique le sacrifice de l'ego et l'ouverture totale à l'autre. C'est dans le silence et l'oubli de soi que l'Apprenti recevra du Maître le vase de Beauté, la coupe amère de l'initiation en devenir. La Beauté est forte comme la mort mais elle exige la mort de celui qui veut vivre de la vraie lumière. C'est seulement lorsque l'Apprenti aura compris la Beauté qu'il coupera un morceau du cœur du Poisson pour reprendre des forces[7] avant de pouvoir affronter la seconde lumière : la *Force*. Force qui est associée au soleil, dans la mythologie du lion.

En alchimie, le lion est mangeur de soleils, il est la force mercurielle de la transmutation. Les grands fondateurs de religion sont associés au soleil, le soleil de Juda pour le Christ, le soleil de shakya pour Bouddha, le lion

---

[5]. C.G. Jung, *Psychologie et Alchimie*, pp. 424-426.
[6]. *Cantique des Cantiques*, 1, 5-6 «Je suis noire, mais charmante, filles de Jérusalem, comme les tentes de Qédar, comme les toiles de Salma. Ne prenez pas garde à mon teint noirâtre : c'est le soleil qui m'a brûlée.»
[7]. Cfr. *supra* Chapitre 12 : le voyage de l'initié d'Occident en Orient.

d'Allah pour Ali, le gendre de Mahommed, sans oublier le lion ailé des quatre Vivants dont le christianisme a fait l'apôtre Marc... On pourrait donc résumer en disant que le lion est associé à la *force de la parole*. Mithra, la force de la résurrection quotidienne du soleil, est aussi associé au lion dans ses représentations léontocéphales. Et précisément sous cette forme il est associé au rythme cyclique du temps, ce qui en exprime le côté négatif, le cycle étant éternel dans sa répétition.[8]

Le Soleil est feu du temps, et chez les Egyptiens, sa renaissance quotidienne dépend de Nout, la déesse lunaire de la nuit.[9] Le Soleil y est enfant de la Lune. Et cette interprétation est instructive quant à la vraie nature de la Force solaire. D'une part, elle est force de vie mais elle peut être force mortelle (la force du temps) si elle n'est pas tempérée par la force imaginative et sensitive de la Lune. C'est la Femme lunaire qui engendre la vraie force solaire. Et ceci est très bien illustré par le Tarot dont le onzième arcane, la Force, nous montre une femme ouvrant la gueule du lion les mains nues. La femme dompte le lion par « faiblesse initiatrice ». Ceci est le paradoxe de l'amour vrai. La vraie lumière ne peut qu'être celle de l'être ayant dompté sa fougue charnelle et temporelle. Et ceci nous met en garde également contre la parole qui peut être « douce dans la bouche et amère à l'estomac », comme l'indique à Jean de Patmos l'ange apocalyptique. La parole est double, elle est parole créatrice et initiatrice

---

8. R. Turcan, *Mithra et le Mithriacisme*, p. 99 «Le Temps léontocéphale des mithriacistes est un dieu du feu et du ciel, maître des planètes, du zodiaque et des saisons. Ce qui paraît signifier que pour eux, comme pour les Stoïciens, le monde procède du feu céleste et se résoudra en feu, puisque le même Aïon (Mithra) serré dans les replis d'un serpent figure au terme du cycle déroulé... »

9. Nout, chaque soir avale le soleil couchant, et chaque matin, le réenfante entre ses cuisses.

dans la bouche du sage, elle est parole de mort et de néant dans la bouche du sot et de l'inconscient.

La Force solaire doit être domptée, et «à la limite» elle deviendra silence, le silence du sage qui a compris que tout est vain, hors la quête du centre.[10]

Et ceci nous fait entrevoir la matrice fondamentale de la *Sagesse* qui sera un mélange harmonieux de beauté et de force. Ou, autrement dit, la Sagesse est la *Force de la Beauté*. Il s'agit ici, bien entendu, de la beauté de l'être aimant, la beauté de l'amour créateur. C'est cette sagesse que représente la troisième grande lumière en la personne du Maître de loge.[11] Ce dernier aura la lourde responsabilité de construire l'harmonie de la loge tout en veillant au travail de chacun. Le Maître de loge deviendra chacun des frères de la loge, il sera donc l'oreille attentive et le regard aimant de la communauté. La Sagesse n'est évidemment pas de ce monde, tout au plus pouvons-nous tendre vers cette lumière, enfouie au plus profond de nos ténèbres. La Sagesse est divine, elle est déesse ; elle est le but suprême de toute initiation. Si l'on examine bien la troisième colonne de l'arbre des Séphiroth, on s'aperçoit que la Sagesse (Hochma) sort de la lumière absolue (Kether - la Couronne) pour donner l'Eternité (Netzah) aux hommes par l'intermédiaire de la Beauté (Tepheret) mais surtout par la compassion (Hesed), et la compassion n'est autre que le partage de la souffrance. La Sagesse partage notre souffrance avant de nous faire partager son Eternité. Quel chemin de lumière ! (fig. 38)

---

10. P. Dangle, *op. cit.*, p. 112 « Par ce type de silence, il est invité (l'Apprenti) à percevoir le vide lumineux qui préexistait à la création du monde. »
11. Rappelons que les Surveillants veillent, eux, à l'instruction des Apprentis et des Compagnons.

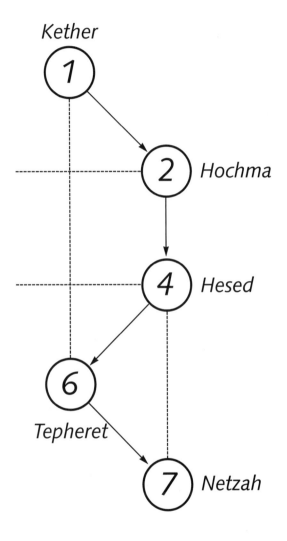

Fig. 38 : La sagesse séphirothique.

La Sagesse est *Compassion* et c'est certainement le secret de sa lumière. Souffrir avec l'autre, c'est devenir l'autre, c'est partager, dans le cas du Dieu, l'humanité et la mort de sa créature. Partager la mort de l'autre, y a-t-il plus extraordinaire preuve d'amour. Gilgamesh, le héros mi-dieu mi-homme de la mythologie sumérienne, ne devient sage que lorsqu'il accepte de partager la mort de son meilleur ami Enkidu. En partageant sa mort, il lui donne sa divinité, c'est-à-dire son immortalité. Le mythe est constant dans son enseignement. La Sagesse commence par le don de soi et la mort à l'ego. Et c'est cette mort qui devient la lumière, la grande lumière de notre nuit.

On comprend mieux, me semble-t-il, à la fin de cette étude, la très grande valeur initiatique de la démarche maçonnique. Ancrée dans la Tradition et éclairée par le mythe, la voie symbolique ne peut que nous relier à l'autre et, par là-même, nous relier à l'universel.

Que l'Apprenti voie, dans le silence de la loge, la Beauté de la lumière, qu'il se fortifie par la Force de ses frères, et qu'il se laisse imprégner par la Sagesse du Maître. Qu'il écoute, dans le secret de son cœur, la chanson de l'amour, cet amour créateur d'étoiles et créateur de rosée. Et qu'il sache que les gouttes de rosée sont les larmes du Dieu.

Par Beauté, Force et Sagesse, qu'il se prépare à rassembler ce qui est épars.

Conclusion

J'espère que ces quelques méditations sur le symbole associé à l'univers maçonnique de l'Apprenti lui permettront de découvrir sa propre voie vers son centre de lumière. Car le symbole n'a pas d'autre raison d'être : relier l'initié à sa source, créer ce nouveau cordon ombilical qui fera de lui un nouveau vivant, un lumineux.

Et pour terminer ce voyage dans le voyage, je lui propose une méditation sur le pouvoir relieur du symbole, le symbole comme voie royale de la reliance.[1]

* * *

La reliance par excellence est l'Esprit, l'Esprit-créateur dans et par lequel tout est relié à tout. L'Esprit qui est vision créatrice, vision qui contient toutes les potentialités et qui projette par le verbe, le manifesté, le visible dans la quaternité du temps. Et paradoxalement, cette

---

1. Article que l'auteur a écrit pour la revue *Dionysos*, la revue des loges du Droit Humain belge.

manifestation de l'Esprit-créateur est d'abord séparation. Créer c'est séparer et la séparation implique immédiatement le désir d'union, le désir de ré-union. Mais cette séparation-réunion, cette déliance-reliance comme dirait M. Bolle de Bal[2], est précisément ce qui caractérise tout mouvement créateur. La tension suscitée dans la matière entre déliance-reliance crée la conscience, et la conscience est le but ultime de la manifestation. Si Dieu, ou le Créateur, ou l'Architecte de l'univers (quel que soit son nom), éprouve le besoin de créer, c'est précisément parce qu'il ne peut exister que dans une création qui devient, dans la reliance, consciente de lui, consciente de sa source créatrice. On pourrait donc dire que la chute de l'homme dans le temps est la condition de son mûrissement à la conscience, elle est la voie de la conscience. C'est dans le temps que l'homme pourra relier la Terre au Ciel, c'est dans le temps qu'il deviendra *axis mundi*. C'est dans le temps enfin qu'il pérégrinera dans le labyrinthe vers le centre de reliance. Et c'est dans cette progression vers le centre que le symbole apparaît comme outil de reliance car, comme le signale J. Chevalier, « *il évoque une communauté, qui a été divisée et qui peut se reformer. Il comporte une part de signe brisé* ».[3] Et c'est dans le symbole que la réunion aura lieu. C'est pourquoi le symbole-relieur est à la base de toute cosmogonie et de toute mythologie. Cosmogonies comme mythologies sont des créations ou recréations du monde « in illo tempore », c'est-à-dire en dehors du temps.

Elles sont donc les modèles de la prise de conscience, elles sont le symbole en action. Et sans ce pouvoir réunificateur du symbole, la vie humaine serait vaine et im-

---

2. *Dionysos*, n° 4/1984.
3. J. Chevalier et A. Gheerbrant, *Dictionnaire des symboles*, p. XVIII.

possible. Le symbole est l'outil dont nous disposons pour refaire notre unité. A l'exemple d'Isis, nous devons recréer le monde en réunissant les membres épars d'Osiris.

Le symbole rassemble l'eau et le feu, les aspects contradictoires de notre corporéité, de notre expérience de la matière et de sa pénétration par l'Esprit.

En lui se refait l'androgyne, en lui se réunissent le bien et le mal, la lumière et les ténèbres. En lui se déroulent les manifestations du temps, les cycles de l'incarnation. Le symbole-reliance est là, tout près de nous, en nous, en tout. Il est à la portée de notre main, mais à la seule condition que nous puissions voir au-delà du visible, traverser le miroir, refuser le reflet et le mirage. Nous devons faire taire nos fausses questions, dépasser nos analyses cartésiennes, transcender nos limites quotidiennes. Sortir des rails de nos conditionnements, retrouver la capacité de créer et surtout d'imaginer. Redevenir l'enfant qui fait d'un carré la terre et d'un cercle le ciel, qui transforme le bâton en sceptre et la goutte de rosée en étoile. Retrouver la force de faire, la force de devenir, la force d'être. La reliance, comme le symbole, est création et recréation du monde pendant le temps qui nous est imparti. La reliance est au centre de la quaternité, au centre de la croix. Par elle nous devenons croix, par elle nous étendons notre verticalité vers l'infiniment haut et vers l'infiniment bas, et notre horizontalité de l'occident crépusculaire à l'orient de lumière. Le symbole-reliance rassemble le monde crucifié en son centre, en notre centre. Ce centre vide qui contient tout, ce centre plein de la plénitude de l'intemporel, de la plénitude de l'invisible. Le symbole est le signe de l'Esprit que l'homme imprime dans la matière, afin que la matière, comme le demande l'alchimiste, soit sauvée.

Au commencement était la lumière et la lumière brillait dans les ténèbres, et la lumière a pénétré la matière, la pierre, et notre rôle consiste précisément à tailler la pierre, à la polir, à la couper en quatre pour en extraire le cœur. L'esprit est au cœur de la terre, et nous devons l'extraire de sa gangue pour l'unir à l'esprit universel. Suprême reliance, fabuleuse responsabilité, extraordinaire aventure.

C'est à ce niveau que le symbole devient initiateur. Mais la route de l'initié est semée d'embûches. Le candidat devra, comme tous les héros mythologiques, traverser la longue nuit du temps, il devra se plonger dans la mer occidentale et vivre la terrifiante odyssée abyssale du coucher au lever de l'astre, du coucher solaire au lever de l'étoile. L'étoile de l'Orient qui éclaire ce nouveau matin du monde.

L'homme pèlerin, s'il croit au symbole-reliance, devra quitter ses habitudes, ses conforts, ses idées préconçues ou non, ses œillères..., il devra tourner le dos au monde de la réalité-matière pour entrer dans l'inconnu avec son bâton et sa lampe comme seules richesses. Et tel le Fou du Tarot, les chiens lui mordront les fesses, les hommes se moqueront, les amis le quitteront mais pas ses Frères. Il devra, dans l'obscurité de sa nuit, chercher l'étoile, écouter la voix, devenir la vision... la vision du créateur. Il devra, seul, traverser le miroir, pour découvrir l'invisible ; telle est la quête, longue quête de l'être.

C'est dans la nuit du cabinet de réflexion que le candidat à la reliance commence le premier voyage. Le voyage au fond des abysses. Le voyage dans la Terre-Mère. C'est dans ce ventre-caverne qu'il redevient enfant pour mourir une première fois à la vie accidentelle, la vie inconsciente de l'homme superficiel. C'est dans la terre glaciale et minérale du septentrion que le candidat à l'initiation apercevra pour la première fois l'éclair créateur ; c'est au fond de la caverne terrestre qu'il comprendra qu'il doit remonter, tel le dieu Phanès, la spirale du serpent de l'involution-évolution, la spirale du temps, pour accéder à la conscience.

Le dieu Phanès est appelé le *Manifesté* et sa traduction grecque est Eros, le dieu de l'amour. La descente dans le temps, la prise de conscience, ne peut réussir que par l'amour. La reliance est amour. Le symbole est langage d'amour. Tel me semble être le secret, la cause mystérieuse, de l'incarnation. La conscience ne peut éclore que dans la chaleur de l'amour. L'amour soude l'homme à la femme aussi sûrement que la terre au ciel, que l'esprit à la matière. L'amour est la reliance que l'homme partage avec son créateur. Car tout acte de création ne peut être qu'acte d'amour. Pour créer, il faut s'oublier afin que l'autre vive. Le créateur sépare pour voir sa création, mais en créant il crée aussi le lien qui le lie à sa créature.

L'amour rompt le cercle infernal des cycles répétitifs, l'amour rompt le cercle des vanités. Le symbole-reliance brille au centre de l'unité aimante de celui qui s'oublie dans l'autre.

S'oublier dans l'Autre pour devenir l'Autre, par la miraculeuse alchimie de la transmutation du don total : j'aime donc je suis.

Mais Phanès est enlacé par le serpent du temps. Phanès, le Manifesté-Eros, ne peut bouger et cette immobilité mortelle nous semble pire que la mort. Mais cette immobilité n'est qu'apparente, elle est en fait réceptivité, réceptivité à la parcelle de lumière qui doit nous transfigurer, réceptivité à l'amour qui doit nous délier de nous-même et nous relier au Tout. Le candidat à la reliance, dans son immobilité initiatrice, communie aux sources vives du centre, ce centre-lumière où se produit l'irréversible transsubstantiation du plomb en or, de l'eau en vin et du vin en sang de vie.

Le candidat mange le symbole-reliance et meurt définitivement à son rêve stupide de devenir homme, de devenir dieu, car il sent, au plus profond de lui-même, que sa réalité est celle de l'homme divinisé ou plutôt du dieu humanisé. Il retrouve dans son illumination le visage primordial, le visage de lumière des origines. Le candidat est devenu matière immobile dans l'intemporel de son devenir ; il aperçoit la trace de l'étoile, elle brille dans les ténèbres et, vertical et immobile, il devient axe du monde, comme Phanès, *axis mundi* au centre du plan du grand Architecte. Ce plan qui est un cercle et dont le centre est une étoile. Une étoile qui flamboie.

Le symbole-reliance est le lien entre l'humain et le divin. Non pas dans la chute et la dissolution de l'homme en Dieu mais bien dans une relation commutatrice de l'amant qui se fond dans l'amante. L'amant qui devient l'amante dans la communion amoureuse. C'est dans ce sens que le symbole relie, il est la clef de la porte du ciel, il assure ce contact privilégié avec l'invisible, ce passage de l'homme temporel à l'homme éternel. C'est pourquoi il nous faut vivre le symbole, le manger ; par-delà les oppositions binaires, il nous faut consciemment devenir un symbole, vivre avec lui, nous éclairer à sa lumière, nous chauffer à sa chaleur, nous désaltérer à sa source... découvrir, par le symbole, la voie du milieu, le milieu entre noir et blanc, entre droite et gauche, entre notre monde et l'outre-monde.

Devenir un triangle, la trinité... toutes les trinités, toutes les triades ; devenir le père, la mère et l'enfant, successivement et en même temps, mais devenir surtout le lien entre le père et la mère, entre eux et l'enfant.

Devenir le passé, le futur, mais surtout le présent... ce présent qui est éternité. La reliance est éternité.

Devenir la pointe du triangle qui s'élève de l'horizontalité vers le pôle. Devenir le pôle. Devenir la base du triangle qui sous-tend la gauche et la droite, l'ouest et l'est, la lune et le soleil. Devenir ce triangle Un qui devient Trois et qui relie en son centre le Trois au Un. Etre ce triangle pendant des jours, des semaines, des mois, et un jour le traverser pour en découvrir l'autre côté, le côté invisible... la reliance. Et ensuite passer au carré, et du carré au cercle, et devenir le centre du cercle.

Revivre chacune des phases de notre création et rétablir les liens qui nous relient au Tout. Marier les contraires dans l'union reliante ; l'eau et le feu, le triangle droit et le triangle inversé dans le sceau de Salomon... au centre du Temple.

ANNEXES

Annexe 1

LES TAILLEURS DE PIERRE

F Rziha, dans son étude sur les marques de Tailleurs de Pierre, estime que l'on peut comparer certains aspects de leur rituel avec le rituel maçonnique.[1] Voici ce texte (pp. 28-29)

1. Les tailleurs de pierre allemands travaillent dans des *Hütten*, les non-allemands dans des *loges*, les francs-maçons dans des loges.
2. Les tailleurs de pierre allemands distinguent des maîtres, des *"Parlier"* et des compagnons et s'appellent entre eux *frères* ; les francs-maçons ont des maîtres, des *"Sprecher"* (parleurs) et des compagnons et se nomment également frères.
3. Les symboles des tailleurs de pierre allemands sont le compas, l'équerre et la règle ; il en est de même chez les francs-maçons.

---

[1]. F. Rziha, *Etudes sur les Marques de Tailleurs de pierre*, p. 28 « Lorsque la *Bauhütte* germanique commença de décliner et finit par cesser son activité, une association de francs-maçons s'organisa et se développa qui aimait à se considérer comme une *"union éclectique"*, c'est-à-dire une association où l'on avait renoncé au travail manuel pour se consacrer à la construction suprême de l'esprit humain. »

4. Pour être reçu tailleur de pierre, le postulant doit effectuer trois tours (les trois voyages) ; le franc-maçon est tenu à la même obligation.
5. La *griffe* (poignée de mains) serait la même chez les francs-maçons que chez les tailleurs de pierre (non vérifié).
6. Tout comme les tailleurs de pierre, les francs-maçons portent en loge des tabliers de peau.
7. Toujours comme les tailleurs de pierre, les francs-maçons marchent en faisant trois pas, les pieds en équerre.
8. Les tenues des *Hütten* et des loges sont ouvertes et fermées par trois coups de maillet.
9. Les francs-maçons reconnaissent les trois piliers de construction : Force, Sagesse et Beauté. L'*apprenti* aspire à la *Force* ; le *compagnon* à la *Sagesse* et le *maître* à la *Beauté*. Force et Sagesse conduisent à la Beauté. Tout comme les tailleurs de pierre, ils disent que la force soutient (la technique), la sagesse invente (conception) et la beauté orne (le style).
10. Lors de la cérémonie de réception en loge maçonnique, le recipiendaire n'entend pas encore le mot géométrie. Mais en loge de compagnon, la lettre « G » apparaît au-dessus du maître en chaire. Elle signifie « géométrie » dont il est dit : C'est le devoir du maçon de réunir toutes les lignes confuses de l'esprit humain qui s'éparpillent dans tant de directions en un faisceau harmonieux selon les lois de la sagesse éternelle. En loge de maître, on dit au postulant que la tâche de maître consiste à élaborer des plans exacts d'après lesquels les compagnons devront travailler. La Géométrie lui est expliquée à l'aide du *triangle rectangle servant à la démonstration du théorème de Pythagore : l'hypothénuse*

est le monde créé, la *cathère verticale* est l'esprit de Dieu, et la *base* est la force de Dieu.
11. Le maître en chaire de la loge tout comme le maître de la *Bauhütte* siègent à l'Orient, car depuis la construction de Temple de Salomon, les autels et les prêtres ont été placés à l'Est.
12. Les francs-maçons ont adopté d'autres symboles tels que les colonnes *Jakin* et *Boaz*, la houppe dentelée et la rose (symbole du silence). C'étaient les tailleurs de pierre allemands qui avaient érigé les colonnes dans la cathédrale de Würzbourg et pris la houppe et la rose comme ornements.

Annexe 2

TABLEAUX DE LOGE

Tableau de loge du XVIIIe siècle

Ce tableau d'un traitement très naïf est intéressant au niveau des trois lumières, représentées à la fois par les trois candélabres et les trois fenêtres situées en correspondance avec l'emplacement des trois candélabres. Seule la pierre brute est présente. L'œil dans le triangle flamboyant, les sept marches de l'escalier, enfin, comme seuls outils, la truelle et le marteau, l'équerre et le compas. Le Soleil est au Nord et la Lune au Midi. Dans ce tableau, tout se passe entre équerre et compas. (fig. 1)

Tableau anglais de 1836

Il s'agit ici d'un tableau typiquement biblique. Remarquons en effet la présence de la baguette fleurie d'Aaron (le Grand prêtre de Moïse), les tables de la loi mosaïque, le plan du Temple, le pot à encens, la Bible.

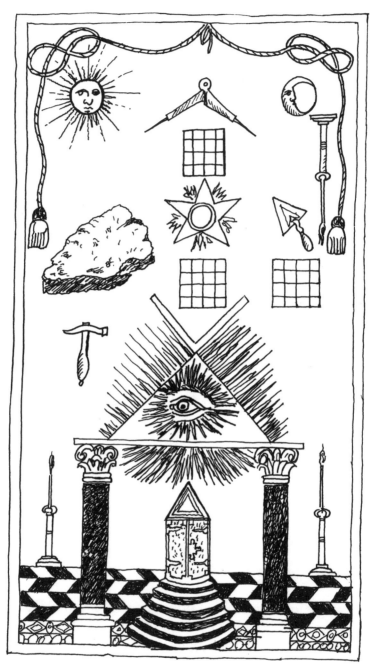

Fig. 1 : Tableau de loge du XVIIIe siècle.

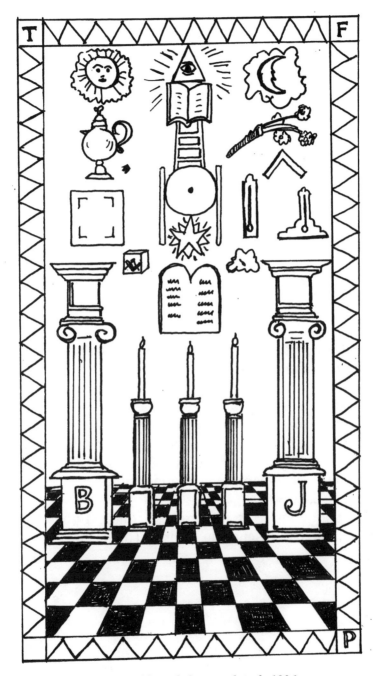

Fig. 39 : Tableau de loge anglais de 1836.

Présence du cercle et des deux parallèles, de l'échelle à trois échelons (les trois mondes ou les trois vertus théologales dont les initiales sont reprises dans trois des quatre angles du tableau), des trois candélabres au centre, sous forme de petites colonnes.

Absence du compas associé à l'équerre, sauf sur la pierre taillée. (fig. 39)

Tableau de Vuillaume (Rite écossais, 1830)

Pour ce tableau d'Apprenti, la corde à nœuds comporte sept nœuds (il y en aura neuf au degré du Compagnon), les trois fois deux outils y sont représentés (équerre-compas, perpendiculaire-niveau, maillet-ciseau). (fig. 40)

Tableau publié par Pérau dans « L'ordre des Francs-Maçons trahi » [2]

Les trois lumières y sont représentées trois fois. Une première fois par l'Etoile flamboyante et les deux colonnes J. et B. ; une seconde fois par les qualités : Force, Beauté et Sagesse ; et une troisième fois par trois octogones (les candélabres vus en plan) situés dans les angles N-E, S-E, et S-O.

Remarquons les sept marches (courbes) pour monter au temple et l'absence du compas. (fig 41)

---

2. Ce tableau est repris dans le *Dictionnaire thématique illustré de la Franc-Maçonnerie* de J. Tomaso, J. Lhomme et E. Maisondieu, p. 491.

Fig. 40 : Tableau de Vuillaume (1830)

Fig. 41 : Tableau de Perau (L'ordre des Francs-Maçons trahi).

Bibliographie

ABELLIO R, *La structure absolue*, Paris, NRF - Gallimard, 1965.
ALLENDY R, *Le symbolisme des nombres*, Paris, Editions Traditionnelles, 1984.
APOCALYPSE, traduction de G. Compère, Bruxelles, Le Cri, 1994.
AROMATICO A, *Alchimie*, le Grand secret, Gallimard / Traditions, 1996.
BACHELARD G, L'air et les songes , Paris, Librairie José Corti, 1943.
BAYARD JP, La symbolique du feu, Paris, Guy Trédaniel, 1986.
BAYARD JP, Symbolisme maçonnique traditionnel, Paris, Edimaf, 1987.
BEHAEGHEL J, *Apocalypse, une autre Genèse*, Grâce-Hollogne, Editions Mols, 1997.
BEHAEGHEL J, *Les grands symboles de l'humanité*, Bruxelles, Vif Editions, 1999
BEHAEGHEL J, *Le nombre créateur*, Remos (G.L.B.), 1997.
BEHAEGHEL J, *Osiris, le dieu ressuscité*, Paris, Berg International, 1994
BEHAEGHEL J, *Symboles et initiation maçonnique*, Monaco, Editions du Rocher, 2000.
BEHAEGHEL J, *Le Tarot du Fou* , Bruxelles, Editions Labor, 1991.
BEHAEGHEL J, *Trois pas pour l'éternité*, Bruxelles, Vif Editions, 1994.
BEHAEGHEL J, *Le Zodiaque symbolique*, Grâce-Hollogne, Editions Mols, 1999.
BERESNIAK D, *L'apprentissage maçonnique*, une école de l'éveil, Paris, Detrad, 1983.
BERTEAUX R, *La symbolique du grade d'Apprenti*, Paris, Edimaf, 1997.
LA BIBLE, E. Osty, Paris, Seuil, 1973.
BLOFELD J, *Les Mantras*, Paris, Dervy, 1977
BOLLE DE BAL M, Revue *Dionysos*, n° 4/1984
BOUCHER J, *La symbolique maçonnique*, Croissy-Beaubourg, Dervy, 1990.
CANSELIET E, *Alchimie*, Paris, J.J. Pauvert, 1978.
CHABOUD J, *Les Francs-Maçons*, Bordeaux, Auberon, 1997
CHEVALIER J & GHEERBRANT A, *Dictionnaire des symboles*, Paris, Robert Laffont, 1982.
CITATI P, *La lumière de la nuit* , Paris, L'Arpenteur - Gallimard, 1999.

COMBES A, *Histoire de la Franc-Maçonnerie au XIXe siècle*, t. II, Paris, Editions du Rocher, 1999.
DANGLE P, *Le livre de l'Apprenti*, Fuveau, La Maison de Vie, 1999.
DUMEZIL G, *Les dieux souverains des Indo-Européens*, Paris, Gallimard, 1977.
DURAND G, *Les structures anthropologiques de l'imaginaire*, Paris, Dunod, 1984
ELIADE M, *Le chamanisme et les techniques archaïques de l'extase*, Paris, Payot, 1968.
ELIADE M, *Forgerons et alchimistes*, Paris, Champs/Flammarion, 1977.
ELIADE M, *Traité d'histoire des religions*, Paris, Payot, 1987.
ELIADE M, *Yoga, immortalité et liberté*, Paris, Payot, 1960.
FULCANELLI, Les demeures philosophales, Paris, Pauvert, 1979, 2 tomes.
GRIAULE M, *Dieu d'eau*, Paris, Arthème-Fayard, 1966.
GUÉNON R, *Etudes sur la franc-maçonnerie et le compagnonnage*, Paris, Editions traditionnelles, 1985.
GUÉNON R, *Symboles fondamentaux de la science sacrée*, Paris, NRF-Gallimard, 1992
GUÉNON R, *Le symbolisme de la croix*, Paris, Editions Vega, 1983.
HADÈS, *L'approche de soi et la divination par le Yi-King*, Paris, Ed. Niclaus, N. Bussière, 1980.
JOLLIVET CASTELOT F, *Comment on devient Alchimiste*, Editions Rosicruciennes, 1987 (Réédition de 1896).
JUNG CG, *Métamorphoses de l'âme et ses symboles*, Genève, Georg Editeur, 1989
JUNG CG, *Mysterium conjunctionis*, Paris, Albin Michel, 1980 et 1982, 2 vols.
JUNG CG, *Paracelsica*, Paris, Albin Michel, 1988.
JUNG CG, *Psychologie et Alchimie*, Paris, Buchet Chastel, 1970.
JUNG CG, *Psychologie et orientalisme*, Paris, Albin Michel, 1985.
JUNG CG, *Commentaire sur le Mystère de la Fleur d'or*, Paris, Albin Michel, 1979.
KLOSSOWSKI DE ROLA S, *Le Jeu d'or*, Herscher, 1988.
LACARRIÈRE J, *Le livre des Genèses*, Paris, Editions Philippe Lebaud, 1990.
LHOMME J, MAISONDIEU E & TOMASO J, *Dictionnaire thématique illustré de la Franc-Maçonnerie*, Editions du Rocher, 1993.
LIBIS J, *Le mythe de l'androgyne*, Paris, Berg International, 1980.
LE LIVRE DE L'APPRENTI, Paris, La loge Travail et Vrais Amis Fidèles, 1894.
NÉGRIER P, *La pensée maçonnique du XIVe au XXe siècle*, Paris, Editions du Rocher, 1998.
PALOU J, *La Franc-Maçonnerie*, Paris, Petite Bibliothèque Payot, 1964.

RIZHA F, *Etudes sur les Marques de Tailleurs de pierre*, Paris-Dieulefit, G. Tredaniel / la Nef de Salomon, 1993.
SANSONETTI PG, *Graal et alchimie*, Paris, Berg International, 1982.
TOMASO J : voir LHOMME (J), MAISONDIEU (E) & TOMASO (J).
TUCCI G, *Théorie et pratique du mandala*, Paris, Fayard, 1974.
TURCAN R, *Mithra et le Mithriacisme*, Paris, Les Belles Lettres, 1993.
VON FRANZ M-L, *Les mythes de création*, Paris, La Fontaine de Pierre, 1982.
WIRTH O, *L'apprenti*, Paris, 1983.
Z'EV BEN SHIMON HALEVI, *L'arbre de vie*, Paris, Albin Michel, 1989.

Table des illustrations

Fig. 1	Tableau de loge du XVIIIe siècle	12
Fig. 2	La Tetraktys	21
Fig. 3	Le Swastika et le nombre seize	22
Fig. 4	Le monde en neuf des Chinois	31
Fig. 5	La chaîne de la conscience (Arbre - Serpent - Eve - Adam) (Art roman du Xe siècle)	36
Fig. 6	La caverne alchimique	48
Fig. 7	L'ouroboros	54
Fig. 8	Le mandala essentiel	59
Fig. 9	La croix et le nombre cinq	63
Fig. 10	Le chrisme	66
Fig. 11	Le Zénith, pôle de l'*axis mundi*	67
Fig. 12	Le caducée	68
Fig. 13	Le caducée et l'arbre des Sephiroth	69
Fig. 14	L'arbre des Sephiroth selon R. Fludd	71
Fig. 15	Les trois pas de Pharaon (Terre, Soleil, Etoile)	80
Fig. 16	L'étoile polaire	81
Fig. 17	Base de tableau de loge (les diagonales formant le khi)	88
Fig. 18	Le Zodiaque et la triple enceinte druidique	102
Fig. 19	Le Zodiaque	103
Fig. 20	La structure trilobée et quadrilobée des tailleurs de pierre de la Bauhütte	104
Fig. 21	Signature de tailleur de pierre (d'après Rziha, *Etudes sur les marques de tailleurs de pierre*, pl. 12)	105
Fig. 22	Signature de tailleur de pierre (d'après Rziha, op. cit., pl. 64)	105
Fig. 23	Plan simplifié de Borobudur et triple enceinte druidique	109
Fig. 24	Le tableau de loge d'Apprenti de J. Behaeghel	110

Fig. 25	La truelle cruciforme	122
Fig. 26	Fou-Hi et Niu-Koua (d'après *L'art de la Chine*, p. 512 - Tombeau de Wu Liang - 151 après J.-C.)	123
Fig. 27	Union géométrique du Ciel (cercle) et de la Terre (carré)	124
Fig. 28	L'œil de la vision entre équerre et compas	124
Fig. 29	Niveau et perpendiculaire	127
Fig. 30	La courbe sinusoïdale des équinoxes et des solstices ...	131
Fig. 31	La quaternité selon C.G. Jung	132
Fig. 32	Le quaternaire divin	137
Fig. 33	Le quaternaire christogonique	137
Fig. 34	La 21ᵉ arcane du Tarot de Marseille	140
Fig. 35	Le dragon héraldique (Armoiries des Visconti-Sforza) enfantant l'enfant-Verbe	142
Fig. 36	Les quatre portes du Tarot	164
Fig. 37	La triade maçonnique	165
Fig. 38	La sagesse séphirothique	169
Fig. 39	Tableau de loge anglais de 1836	187
Fig. 40	Tableau de Vuillaume (1830)	189
Fig. 41	Tableau de Perau (L'ordre des Francs-Maçons trahi) ...	190

Pour toute correspondance avec l'auteur
écrire à :
Julien BEHAEGHEL s/c des
Éditions La Maison De Vie

Le Pin de Luquet
13710 FUVEAU

CET OUVRAGE A ÉTÉ ACHEVÉ
D'IMPRIMER EN NOVEMBRE 2000 SUR LES PRESSES DE L'IMPRIMERIE
DE L'INDÉPENDANT - 53200 CHÂTEAU-GONTIER - FRANCE
N° D'IMPRIMEUR : 000820
DÉPÔT LÉGAL : 4ᵉ TRIMESTRE 2000